讲有故事的地理

黄一聪　著

广东高等教育出版社
Guangdong Higher Education Press
·广州·

图书在版编目（CIP）数据

讲有故事的地理/黄一聪著. —广州：广东高等教育出版社，2022. 5

ISBN 978 – 7 – 5361 – 7239 – 5

Ⅰ. ①讲… Ⅱ. ①黄… Ⅲ. ①地理学 – 青少年读物 Ⅳ. ①K90 – 49

中国版本图书馆 CIP 数据核字（2022）第 077750 号

出版发行	广东高等教育出版社 地址：广州市天河区林和西横路 邮政编码：510500 电话：（020）87553335 http://www. gdgjs. com. cn
印 刷	广东海洋印刷有限公司
开 本	787 毫米 ×1 092 毫米 1/16
印 张	10. 75
字 数	240 千
版 次	2022 年 6 月第 1 版
印 次	2022 年 6 月第 1 次印刷
定 价	42. 00 元

序

“源于生活，融于生活，用于生活”，是地理学科魅力所在。中山纪念中学黄一聪老师一直坚持“源于生活，融于生活，用于生活”的地理教学理念，不仅注重付之于教学实践，还开展了系列研究，孜孜以求，取得了重要成果，也为此付出了艰辛努力，几十年如一日，这才有呈现在我们面前的这部生活气息浓郁的《讲有故事的地理》。

黄老师曾告诉我，为了上好“外力作用及地貌”这一堂课，他专程抽出一天时间到肇庆市端州区的七星岩景区实地考察，细心拍摄溶洞景观与湖中山峰，让学生在课堂上能够更直观、更真实地感知地理风貌，学习地理知识，从而引导学生结合生活经历去学习地理。这在很大程度上有效提升了学生的学习动力。“无生活不地理，无地理不生活。”让学生学会在生活中感知地理的“趣味”和“理味”，教学效果就能事半功倍。2017 年，地理新课程标准提出“学习对生活有用的地理”，这是地理课程改革中突出强调的理念之一。这使学生对地理知识的吸收由“科学世界”回归到“生活世界”，是理论与生活实际相结合的具体体现。黄老师在教学中就是这样脚踏实地地践行“学习对生活有用的地理”的理念，我十分赞赏。

本书是作者多年地理教学实践和教学改革的实例集，其中既有课堂实录、教学反思，又有作者对自然美景的赞叹、对民俗文化的欣赏、对风土人情的品味。生活不缺乏美，只是缺乏发现美的心灵，教材之外的生活是更广阔的世界、更美好的风景。作者将地理原理渗透到生活现象中，力图通过这些教学案例、地理学科漫谈、地理札记等帮助学生认识世界、认识生活，从而潜移默化地影响学生，提高学生的地理素养，培育一颗一颗热爱生活的心灵。《讲有故事的地理》一书不论对教师的地理教学还是对学生更有效地学习地理都有很大的帮助。

袁孝亭

2022 年 3 月于东北师范大学

目 录

自然地理篇

人文地理篇

自然地理篇

01 “雨”你有关

最近中山的天气受台风影响经常下暴雨，学生们都无心听课，被外面的“雨”吸引。我索性停止了课堂，根据他们的兴趣点，给他们讲了一节关于“雨”的漫谈。

我问同学们学过哪些关于“雨”的知识，一个平时最积极回答问题的男孩子抢着说：“我知道！我知道！君问归期未有期，巴山夜雨涨秋池。”这是李商隐的《夜雨寄北》，幸好以前也涉猎过相关知识，我不慌不忙地问学生：“有谁知道为什么是‘夜雨’？好像也有‘朝雨’哦！渭城朝雨浥轻尘，客舍青青柳色新。”同学们在激烈地讨论中，想着“朝雨”和“夜雨”的形成原因。突然有一个学生站起来，兴高采烈地说：“我知道了！可能是受地形影响，巴山这个地方容易夜晚下雨。”我笑着点点头，解释道：“这位同学回答得不错，巴山地处四川巴蜀地区，因受地形的影响，盆地夜间气流上升，容易成云致雨，常常会出现夜雨天气。”

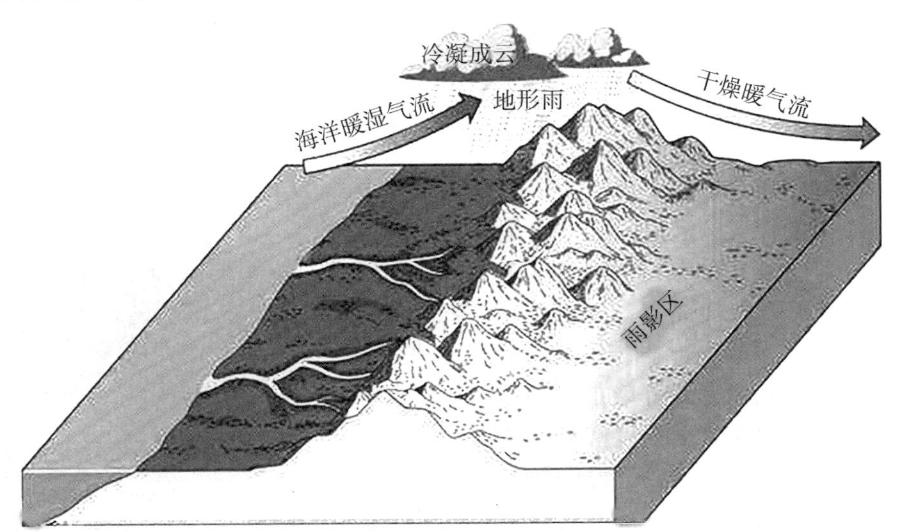

一个好学的女孩子站起来提问：“老师，那‘黄梅时节家家雨，青草池塘处处蛙’里面的雨是梅雨天气吗?”“是的，在每年6—7月间，江淮地区因受准静止锋的影响，形成梅雨天气，那时候衣服都很难干呢!”我欣慰地看了看学生，感叹他们举一反三的能力。

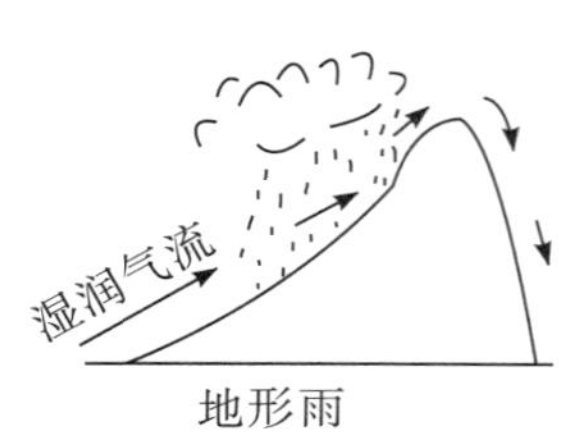

地形雨

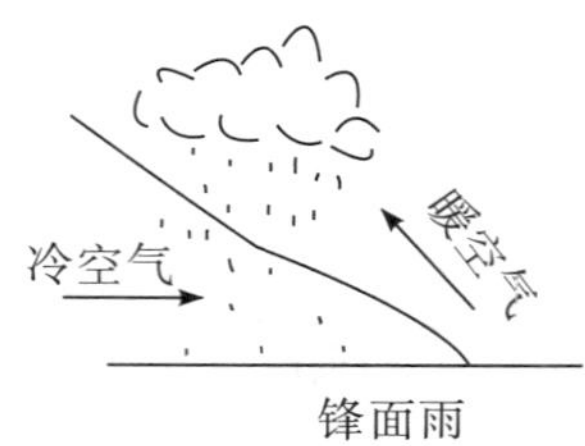

锋面雨

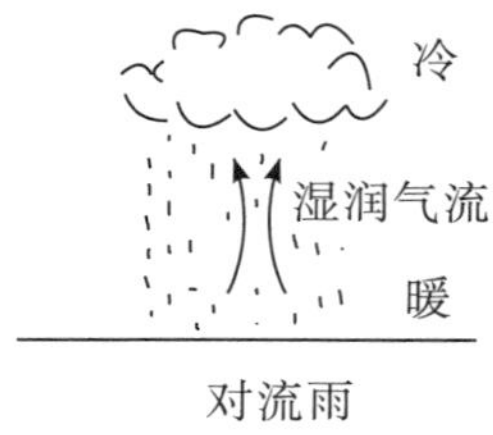

对流雨

外面的雨越下越大，同学们似乎意犹未尽，让我继续讲讲“雨”。我看了看窗外，突然想起来毛主席《登庐山》里的诗句“冷眼向洋看世界，热风吹雨洒江天”，我饶有兴致地念起了这首诗，并问同学们这首诗反映了什么气象知识？同学们激烈地讨论了许久，但是仍然没有得出结论。我笑笑说：“这说明夏季来自太平洋的热带海洋气团给我国带来丰沛的降水，即暖锋对天气的影响。”同学们恍然大悟，迎着外面的雨，纷纷开启了关于“雨”的大讨论。“清明时节雨纷纷”一个学生激动地说，“这应该是锋面雨！”另一个学生接着说“东边日出西边雨，说明在同一时刻，不同的地方天气是不相同的，这应该是对流雨！”外面的雨应和着同学们的讨论声，一场“雨”大家有关的课堂，我也不自觉地陷入其中。

02 重庆的美女和榨菜

重庆涪陵的榨菜，远近闻名，但是我打心眼里就排斥榨菜，小时候家里穷，吃榨菜吃多了，现在听到“榨菜”二字，胃里就“翻江倒海”。老家湖南的气候条件还不错，夏季的水热条件好，蔬菜生长旺盛。父母每年都会将吃不完的蔬菜在太阳下晒干脱水、加盐腌制，最后储存在菜坛子里密封起来，到了冬季万物枯萎的时候再拿出来吃，记得以前上高中，周日回学校带上一瓶榨菜，可以维持三天的生活，周四才开始买菜，所以每周的生活费基本能控制在两元以内。

没去过重庆，但是重庆多美女，这是多数人承认的。2013 年暑假和几个朋友去重庆涪陵区探望一位在医院工作的老朋友，可谓是大饱眼福和口福，看够了

重庆的美女，也尝到了真正的涪陵榨菜。

为什么重庆的美女多？重庆气候湿润，位于嘉陵江和长江的汇合处，水汽充足，多云雾，而且处于四川盆地，云雾难以扩散，对太阳辐射的削弱作用强，光照较弱，湿润空气使人皮肤长期处于保湿状态中，如同敷面膜。重庆也没有北方那样的风沙，不会伤害皮肤。重庆的女孩皮肤较白，可谓是“一白遮百丑”。

出于地理专业，我总是爱用地理思维看问题：重庆是著名的山城，出门不是上坡就是下坡，处处上坡下坎的，被迫运动，而且人一般在下坡的时候要昂首挺胸，不然容易摔倒。所以重庆女人大多婀娜多姿，曲线玲珑，气质绝佳。因为重庆女人“皮肤好”，在重庆的街上，看到美女不要随意搭讪，说不定她是奶奶的同学，当然，她也有可能是同学的奶奶——重庆女人大多显年轻。都说重庆的女人是“辣妹子”，性格火暴，这其实也是她们独立自信的一种表现，源于姣好的皮肤，自然让她们变得更有气质。

再说重庆涪陵的榨菜，估计第一位农民腌制涪陵榨菜的目的跟我家小时候一样，只是想把多余的青菜腌制储存起来。涪陵位于东经106°56′~107°43′和北纬29°21′~30°01′之间，因此气候较为湿热，降水量较大，榨菜原料——青菜头得以凭借得天独厚的条件在这里大量生长。

涪陵地区青菜头在9月份播种，10月份就要进行移栽，青菜头的成长期正好与涪陵地区最冷时段的大雾天气重合，因此涪陵青菜头在雨雾的滋养下，也拥有了致密的组织结构，口感由此变得脆嫩爽口。

在榨菜的腌制中，有重要的一环，那便是脱水。脱水所需要的条件非常特殊：第一是在晾晒过程中，不能长时间暴露于太阳之下，否则容易生芽糖化，使原料报废，这种情况俗称“烧架”。第二是在晾晒过程中怕下雨和潮湿环境，因为这样会导致菜头很难自然脱水，容易发生霉烂。第三是怕大风吹，因为脱水速度太快，菜头会变得干硬，影响成品的口感。而涪陵青菜头是在自然微风的环境下脱水，在无可取代的优越气候条件下，榨菜能保持鲜亮色泽，口感也依旧能爽脆如初。真是“榨菜一入口，神仙都要跟我走”！

如果再去一次重庆，一定要再好好看看重庆的美女，再吃一吃涪陵的榨菜。

03 雾漫东江

东江湖是大多数人必去的景点之一，东江湖之美，在于朝雾之朦胧。东江湖是坐落于湖南省郴州市东北部，被南岭和罗霄山包围的水域，是耒水的源头之一。灰白相间，山与天相接，融成了一幅中国水墨画。我站在小东江（属于东江湖景区的一部分）的源头，与背景汇成了一道靓丽的风景线。每年5—10月，当雾漫进了小东江，众多的游人就被吸引过来了。

我暑假去过，花了80元买了一张门票，就是为了看东江上的雾。有一老者站在木筏上，披着蓑衣，戴着斗笠，张开手一甩，一张大网在江面上撒开，撒网的目的不是为了捞鱼，而是为了让游客拍照，当然这也是展示当地的一种渔民文化。

那么雾漫东江是怎样形成的呢？小东江下游有水坝截流，小东江的水流缓慢，两岸山地，植被茂密，空气中水汽充足，在小东江上游有口大东江湖水库，冷水从坝底流出来，清晨流过江面时，近江面空气中的水汽遇冷，形成雾，地理学上将这种雾称为冷却雾。水流缓慢、峡谷地形，地形封闭、风力小，从而使大雾不易扩散。朦胧之美，展现得淋漓尽致。

04 肇庆七星岩

肇庆山水美如画，堪称东方日内瓦，肇庆市区内有一著名景点——七星岩，所谓七星岩，湖中有山，山中有湖，山湖相衬，或租一条小船在湖中自由自在地游弋，远处的山、近处的倒影相映成趣。石灰岩峰如北斗七星般散落在肇庆这个人杰地灵的小城，峰林、溶洞、湖泊、碑刻、寺观簇拥在小城的一角，如仙女下凡时，不自觉用仙女棒划下的瑰丽。

据说七星岩还有一个美丽的传说：女娲补天时，竟没想到补天石用完了，玉皇大帝知道这个消息后派出神仙给女娲送去补天石，而且天亮前一定要送达。神仙赶着变成七只神羊的补天石，前往女娲补天的地方，途经肇庆不巧被一位老渔翁破了天机。远古之时，肇庆还是一片大海，神羊路过肇庆的当晚，这位老渔翁学了几声鸡叫，七只神羊以为到达补天的终点，不愿意再往前走。神仙用神鞭抽打七只神羊，结果连神鞭都抽断了，七只神羊无奈坠落肇庆。七只神羊坠落后，海面上顿时涌现七座苍翠的山岩，组成了七星岩。

穹隆之下，石室洞内是石乳、石笋、石幔的争奇斗艳，它们塑造出蔚为大观的喀斯特地貌，塑造了如梦似幻的神仙世界。灵石在七星岩得到了庇护，组成了“岭南第一奇观”的无价之宝。拔地而起的巍峨、流水诉说的奇迹、湖面倒影的涟漪，吸引着游人的光顾。群山交叠、水清风缓，在小城难得的休闲点染了七星岩的寂静，这神奇的一角，凭借得天独厚的优势调节着城市中心气候，使得气温日较差和年较差减小，同时可以净化空气。

春夏秋冬四时变换，斗转星移之时，一年当中日落的位置均不一样，但星湖的水位却始终不变。湖水涨退的界限并不分明，年复一年，依旧毫无预兆的“变换”，似乎被神仙施下了魔法，让湖水悄无声息地流转。

每年九月十五日前后，迎着落日的余晖，在观佛台远眺，可看到太阳这颗“金丹”缓缓坠入“卧佛”张开的嘴里。金灿灿的背景如约而至，伴着习习秋风，七星岩特有的天象奇观让众人驻足观赏。（同一年中，还有哪一天也会欣赏到如此美景呢?）“卧佛”足朝南、头向北，安详地躺在星湖之上，从眼耳口鼻到螺髻肩胸，手足轮廓全都清晰可见，匀称的身材比例、逼真的身体线条，让人拍案叫绝。传说当年农妇禾花为救百姓牺牲了自己的性命，后来其丈夫出家，花甲之年竟梦到佛祖说：“禾花已被封为仙子”。此梦引发其对妻子的思念，他便开始不分昼夜地对着湖面呼唤妻子，最后倒在湖边。太白金星被此人感动，便请求玉帝让禾花每年九月下旬将金丹投入“卧倒的丈夫”口中，以解丈夫的相思之苦，便有了这“卧佛含丹”之美。斜阳飒飒，湖边的柳树被俏皮的风吹散了理好的丝发。夕阳西下，“卧佛”逐渐吞下了解除相思的“丹药”，而我和妻子也在落日的余晖中相依相靠。

05 霞光之论　阴晴之思

今天晚饭后，闲暇之余看到天空美丽的晚霞，一个学生站在我旁边，饶有诗意地念起了：“落霞与孤鹜齐飞，秋水共长天一色。落霞虽美可惜没有孤鹜啊！”我惊讶于这个学生的文学素养，禁不住问这个学生：“如此美景，你知道是如何形成的吗?”学生笑着摇摇头。“晚霞的形成都是由于空气对光线的散射作用。当太阳光射入大气层后，遇到大气分子和悬浮在大气中的微粒，就会发生散射。”我耐心地说道。学生好奇地问：“那为什么会出现不同的颜色呢?”我笑着说：“这些大气分子和微粒本身是不会发光的，但由于它们散射了太阳光，使每一个大气分子都形成了一个散射光源。太阳光谱中的波长较短的紫、蓝、青等颜色的光最容易散射出来，而波长较长的红、橙、黄等颜色的光透射能力很强。因此，我们看到晴朗的天空总是呈蔚蓝色，而地平线上空的光线只剩波长较长的黄、橙、红光了。这些光线经空气分子和水汽及固体杂质的散射后，天空就带上了绚丽的色彩。”

学生继续问道：“朝霞和晚霞一样吗? 为什么有一首诗写‘朝霞不出门，晚霞行千里’?”

我笑着说：“这个就说明了朝霞和晚霞的不一样啊！朝霞证明会下雨，晚霞正是大晴天的表现。朝霞是早上太阳在东方天顶或西方有低云出现时形成，说明大气中水汽含量已经很多，且这种低云慢慢向我们移动，这就预示着有大雨将要到来，古人觉得这个时候不能出远门。如果晚上西方天顶或东方有火红色或金黄色的晚霞，这种红霞

向东移动，说明西方已经没有云层，阳光才能透射过来形成晚霞，意味着含水量的云层会离我们越来越远，即使有雨下，也不会是我们这边，所以天气是晴朗的。”

学生笑着回应：“如此美丽的晚霞，那明天注定是个好天气了！”

06 雄奇的庐山

苍润高逸、雄奇险峻的庐山，东依鄱阳湖、南靠滕王阁、北枕长江流，秀丽的景色让我不自觉沉醉其中。从山脚眺望，我被庐山巍峨之态所折服。庐山似乎是一个魔术师，用魔法装饰着自己，呈现出不同形态。我猝尔想起文豪苏轼笔下“横看成岭侧成峰，远近高低各不同”之语。

庐山飞峙于长江之滨，呈东北—西南走向，平地而起，显得挺拔俊俏。主峰汉阳峰高 1 473 米，常隐没在云雾之中，似乎有仙人在山上住，来无影去无踪，变幻莫测。从地质构造上看，庐山是一座地垒式断块山，所以横看成岭、侧看成峰，但无论哪个角度欣赏，都不能磨灭其傲立之威。

我走近庐山飞驰而下的瀑布，水花飞溅的汹涌之态，夹杂夏日的清凉扑面而来。同行者不自觉吟诵出“飞流直下三千尺，疑是银河落九天”之句，我也沉醉于“白练”从山间奔腾而下之壮丽。庐山是断块体上升的山地，被断层、陡壁和峡谷包围，水流遇高而险之地而愈发湍急，于是出现了众多的瀑布。

我沿着盘旋的山路前行，连绵起伏的山峦书写着庐山的高逸，怪石嶙峋宣告着庐山的俊美，耸入云端的山尖与山体构成了虚实相间的油画。山的另一边紫气妖娆，似乎是太上老君炼丹之所。庐山地貌形成与岩层和地质构造有关，砂岸中常夹有松软的页岩和千枚岩，同时岩层平展，垂直节理发育，经风化侵蚀，软的岩层形成了岩洞，地处断崖峭壁之上的仙人洞就是这样形成的。仙人洞内，我没看到太上老君，反而看到了络绎不绝的游人。

将至庐山之顶，云雾缭绕之际，模糊了我的视野。庐山夏季凉爽，降水量较大，山上经常是云雾弥漫，人在山中看不到庐山全貌。夏季太阳辐射强烈，庐山北面和南面分别有长江和鄱阳湖，水汽蒸发旺盛，水汽分子比空气分子轻，暖而湿的空气上升，当空气中水汽含量过饱和时，加上凝结核存在，较多的水汽就会形成云雾。雾在山间流动，像天际垂下的幕布。此情此景，让人心旷神怡，我不禁赞叹道："美哉，壮哉！"

07 纪中校园的天空架起了彩虹桥

教师是太阳底下最光辉的职业，近年来，国家也非常重视教育。“少年智则国智，少年富则国富，少年强则国强，少年独立则国独立，少年自由则国自由”，百年大计，教育为本。今天是2020年9月10日，在这特殊的日子，中山纪念中学校园的天空架起了一座美丽的彩虹桥，七色的虹悄无声息地挂在天际，渐渐泛起了霓，充当起“虹”的复写纸，彩绸一样又弯又长，以朦胧的质地融进了云的怀抱。在高空俯瞰，与城市建筑交叠在一起，晕染出一片斑斓。红橙黄绿蓝靛紫倒影在地上的积水，形成一道亮光，这是上天在特别的节日里，对辛勤教师们的礼赞。

其实彩虹是因为阳光射到空中接近球形的小水滴，造成色散及反射而形成的。阳光射入水滴时会同时以不同角度入射，在水滴内亦以不同的角度反射。其中以40°～42°的反射最为强烈，从而形成我们所见到的彩虹。造成这种反射时，阳光进入水滴，先折射一次，然后在水滴的背面反射，最后离开水滴时再折射一次，总共经过一次反

射，两次折射。因为水对光有色散的作用，不同频率的光的折射率有所不同，红光的折射率比蓝光小，而蓝光的偏向角度比红光大。由于光在水滴内被反射，所以观察者看见的光谱是倒过来的，红光在最上方，其他颜色在下。因此，彩虹和霓虹的高度不一样，颜色的层递顺序也正好反过来。彩虹是光线经过两次折射一次反射，霓虹则是光线经过两次折射两次反射。

08 巴山夜雨

晚唐诗人李商隐身居异乡巴蜀，写给远在长安的妻子（或友人）的一首抒情七言绝句《夜雨寄北》。全诗如下：君问归期未有期，巴山夜雨涨秋池。何当共剪西窗烛，却话巴山夜雨时。此处的巴山夜雨其实是巴山地区真实存在的自然现象。

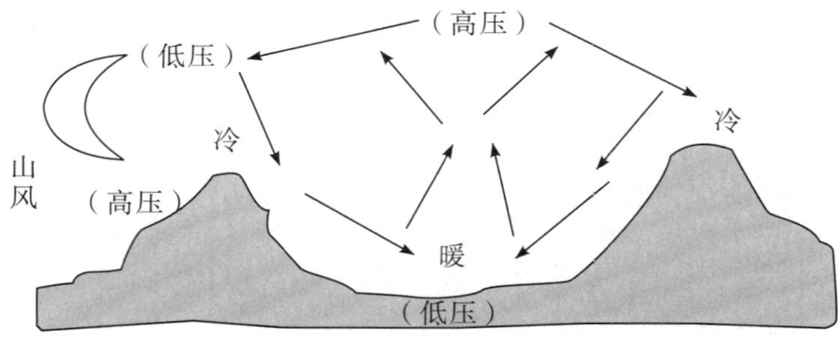

夜晚山坡上吹山风，谷地气流上升冷却，成云致雨，所以山谷或山间盆地地带，往往夜间多雨。

09 为什么他们都去了梁山

施耐庵的《水浒传》，是中国古代文学的传世经典。但是用常人眼光来看，《水浒传》中的地理都是有问题的，而且从头到尾，错得彻彻底底——和宋公明那种打打再商量招安的半推半就策略，风格截然不同。

从谭其骧《中国历史地图集》第六册（宋辽金时期）看，当时的梁山泊是一个足有七八百平方公里的腰形湖泊（大约相当于现在太湖水面的三分之一），其东北部分在郓州（今山东东平）境内，西南部分属济州。郓城县和济州州治分别处于梁山泊西面和南面，而整个郓州都在湖的东边和北边。

《水浒传》第十一回写林冲上梁山，“见那八百里梁山水泊”，自有一番“山排巨浪，水接遥天”的描述。小说家以汪洋恣肆的笔墨告诉读者，这是一处浩渺壮观的水面。其实，这里描述的情形不算太离谱，北宋末年的梁山泊正是湖水丰盈时期。谭其骧绘制的北宋地图大致反映政和元年的地理分布，梁山泊当时是长江以北（北宋境内）最大的湖泊。但在金代地图上，梁山泊已大为缩水，只剩下三分之一的面积。金代地图以大定二十九年为基准，时间仅过去八十年。再看谭其骧主编的《中国历史地图集》第七册元代地图，梁山泊就几乎完全消失了。此距北宋末期不过二百二十年，偌大个湖泊就从地图上抹去了。

众所周知，《水浒传》成书于元末明初，作者将早已不存在的梁山泊作为小说叙事的核心地点，大抵是袭用元杂剧的传述，可能还依据其他文字记载和民间记忆。其实，自然的和历史的梁山泊记忆如何被保留下来并不重要，那个梁山泊毕竟未曾掀起大风浪，本身没有多少叙事内容。重要的是，人们在讲述宋江故事时，为何要将这个能征善战的江湖团伙安置到梁山泊这个地方，而不是太行山。

以山而论，太行更雄伟奇峻，相形之下梁山只是一个小土丘。或许，水泊是一个重要因素。《水浒传》擅作"水"的文章，有张顺、李俊和阮氏、童氏兄弟等一干水上健儿，湖港河汊中可大显身手，这些不必赘述。

水泊更是梁山重要屏障，晁盖等人上山之初就在泊子里跟官军大战一场，后来宋江两赢童贯、三败高俅，都有精彩的水战。可想而知，若是没有梁山泊的地理条件，宋江故事里就少了许多水陆并陈的桥段。不过，这样解释的理由似乎并不很充分，水泊梁山的地理空间在元杂剧中就确定了，却未见那些水浒戏利用水泊推衍剧情。当然，现存的剧目有限，据此还难以判断早先的水浒叙事中有多少水上的戏码。

或许，还有一个更重要的因素，就是梁山泊与东京的距离。从谭其骧地图上看，从梁山泊西岸的郓城县到东京开封府，直线距离不到两百公里。两地之间不能说近在咫尺，却也往返方便。将官方待之无奈的江湖势力摆在距离东京不远的地方，无疑是朝廷的心腹之患。然而，在文学构想中，这也是一种便于形成对照的思路。一边是"替天行道"的梁山泊，一边是腐败的大宋朝廷，分明彰显盗亦有道的救赎之义，如此安排"江湖"与"庙堂"之对抗，亦隐然含有某种改良与合作的意愿。

10 金庸小说中的地理

金庸先生不是一个纯粹的地理学家，但绝对是一个历史地理知识丰富的高手。他的小说中的很多精彩的故事都是以名山大川为背景的，在细腻的情感描述之中糅合了丰富的历史元素和地理景观，再加上独到的武侠因子使得小说血肉丰满，引人入胜。

《射雕英雄传》中的各派武林人物便来自不同的地理区域。东邪黄药师来自于桃花岛。桃花岛位于今浙江舟山。黄药师着装飘逸，因为桃花岛的气候类型是亚热带季风气候，而其使用的武功也与其居住的自然环境有关。例如："落英神剑掌"是黄药师领

悟“落英缤纷”而得，而“碧海潮生曲”是黄药师看潮汐现象领悟出的武功。西毒欧阳锋来自于西域（今新疆），头缠头巾，这是由于西域少数民族的习俗，同时也有遮挡风沙的作用。南帝是大理的段王爷，本名段智兴，是大理国的皇帝。北丐是北方的，当时北方的乞丐为何那般多？主要还是由于蒙古兵南侵，造成了北方人民生活在水生火热之中。

五毒教是金庸小说中的门派之一。云南南部有热带季风气候分布，湿热气候使西双版纳地区蛇虫蝼蚁滋生，由“蛇、蝎、蜈蚣、蜘蛛、蛤蟆”提炼出五毒。

华山又称西岳，为五岳之一，海拔 2 154. 9 米，位于中国陕西省渭南市华阴市城南，南接秦岭，北瞰黄河，扼西北进出中原之门户。华山山体倚天拔地，四面如削，更有千尺幢、百尺峡、苍龙岭、鹞子翻身、长空栈道等十分险峻之地，被誉为“奇险天下第一山”。

由于华山是座断层山，峰险壁峭，有“自古华山一条道”的说法，而华山之巅更是只有高手才能登上去。在华山比武，可直接将一般的武林人士淘汰。

崆峒派是传统中国武术流派之一，崆峒武术早于少林、峨眉、武当等派别。崆峒派创始于崆峒山，是道教文化的组成部分，与少林、武当、峨眉、昆仑并称为中国著名五大武术流派。崆峒山属六盘山支脉，位于甘肃平凉，既富北方山势之雄伟，又兼南方景色之秀丽。其间峰峦雄峙，危崖耸立，似鬼斧神工；林海浩瀚，烟笼雾锁，如缥缈仙境；高峡平湖，水天一色，有漓江神韵。

《雪山飞狐》这个故事发生在吉林的长白山。长白山属于温带大陆性山地气候，特点是冬季漫长寒冷，夏季短暂凉爽且天气变化无常，受山地地形垂直变化的影响，长白山从山脚到山顶，随着高度的增加形成由温带到寒带的 4 个景观带，这在世界上是罕见的，“一山有四季，十里不同天”。主人翁胡斐的老爸胡一刀，人称“关东大侠”。

出场时穿一身厚厚的貂皮大衣，而绝对不敢穿得过于飘逸，主要与气候和海拔有关。

趣味地理无处不在，细心的同学会发现身边好多事情都与地理有关。借用文学作品来检验地理知识，是十分巧妙而又有深度的考查方式，这种类型的题目也是出题老师喜欢的方式。所以说，我们不但要从课本中学习知识，也要从课外学到知识。就让我们带着好奇心去生活，你会发现更多的精彩！

11 新疆，瓜果飘香

来到新疆，仿佛进入了瓜果的故乡。炽热的阳光烘烤着大地，瓜果们都披上了一层光亮的外衣。新疆的灌溉水源主要是高山的冰雪融水，纯净的水源滋养着新疆这一块绿洲，光热的滋润让瓜果饱满得咧开了笑脸。西瓜忍不住“咔”一声把内里的甜汁展露出来，殷红的瓜瓤迎着阳光泛着晶莹，清香顺着夏季的清凉一丝一丝迫不及待地往外跑。哈密瓜不仅拥有蜜一样的内核，其坚硬的果皮上的细密无逻辑的花纹更构成了独一无二的艺术审美。坐在高地，脚悬半空，看着晴空蓝天，品着蜜瓜之甜，此乃

人生一大乐事！

新疆两千多年的种植历史培植出上百种葡萄，“无核白”“玫瑰香”“马奶子”“玻璃绿”，各种叫得出或叫不出名字的葡萄在我的味蕾争宠。奇怪的是，在炎热的新疆，只要一躲在葡萄藤下，就会不自觉感到“清风徐来”的惬意和清爽。阳光慵懒地洒在藤蔓上，葡萄兄弟们纷纷闪着金光。新疆大爷看着自家葡萄架上的累累果实，不禁笑逐颜开，沉浸在丰收的喜悦中。

新疆民谣唱道：“吐鲁番的葡萄哈密的瓜，库尔勒的香梨人人夸，叶城的石榴顶呱呱”。今日一见，果真名不虚传。新疆地处我国西北内陆，远离海洋，四周有高山环绕，海洋的湿润气流很难到达，因此降雨量小，气候干燥。“早穿皮袄午穿纱”说的就是这里昼夜温差大的气候特征。由于日照时间长，石榴、葡萄、无花果、巴旦杏、杏、桑葚、蟠桃、梨、阿月浑子、核桃、沙棘、伽师甜瓜、哈密瓜等瓜果可以充分进行光合作用，从而制造出大量的淀粉、糖类等物质。一到夜间，气温急速下降，瓜果的呼吸作用减弱，由此减少了养分的消耗，大量的营养物质就由此储存在瓜果里。新疆不仅是瓜果的故乡，还是我这种“吃货”的故乡呢！

12 昭通的昼很长

2019 年 6 月 15 日，为响应政府号召，我与几名老师一同去云南省昭通市进行教育扶贫支教，每天跑一个县城，听一节课、评一节课、上一节课、做一个关于高考备考的报告。四天时间跑了四个县城，上午听课上课评课做报告，下午坐车赶去下一个县城。很累，但也收获满满。一天晚上，其实也没到晚上，一位语文老师感叹："现在都 8 点多了，怎么天还没黑啊"。数学老师回应："这里的纬度比中山高，纬度越高昼越长，天黑得越晚吧。"似乎有道理，数学老师的地理学得不错。

昭通的纬度是 27. 5°N，经度是东经 103°E。夏季，太阳直射点在北半球，越往北昼长越长，天亮得越早黑得越晚，所以夏季东北人比南方人"懒惰"，因为天还没黑，他们就上床睡觉了。如果是冬季呢？冬季太阳直射在南半球，越往南昼越长，冬季东北的学生比南方的学生要"勤奋"，他们在寒冷的冬夜经常"挑灯夜战"。其实，6 月在云南昭通晚上 8 点多还没天黑，还有一个重要的原因：我们说的日常时间是北京时间，即 120°E 的地方时，云南昭通的经度是 103°E，所以当北京时间是晚上 8 点的时候，昭通的地方时才晚上 6 点 52 分。所以昭通市在北京时间晚上 8 点的时候还没有日落。学习了时差和日出日落的规律，生活中很多有趣的地理奥秘迎刃而解。

13 喀斯特地貌：流水在光阴里的故事

人人都说"桂林山水甲天下"，我却觉得"溶洞之美甲山水"。乘着小船，我和同行者怀着激动的心情进入溶洞探秘。洞中有洞，被昏暗包围的我们顿觉洞穴深不可测。

洞内的地下暗河漫长曲折，由于水量充沛，得以四季长流。沿途石旗、石幔、石钟乳与流光溶岩相映成趣，形成风光秀丽的地下景观。我看到石笋如雨后春笋般点缀其间，个头虽小，但尽显恢宏之势。旁边的石柱并非仅有光滑的柱身，而是浑身长满了大小不同的“疤痕”，被岩隙中的滴水长年累月无心而为地滴注。钟乳石在各色彩光的照射下缀满了闪粉，像玉石、像珊瑚、像孙悟空手中的金箍棒，五彩缤纷、如梦似幻，似乎流连在东海龙宫中，使我乐而忘返。在大自然的溶塑下，建造出一座规模宏大、气派非凡的地下艺术宫殿——喀斯特溶洞。洞内流水潺潺、波光倒影，乘船畅游时，我总不免回味游览过的光景，这是一条漆黑的艺术长廊，更是一间岩溶地质的博物馆。

溶洞的形成是石灰岩地区地下水长期溶蚀的结果，石灰岩里不溶性的碳酸钙受水和二氧化碳的作用能转化为可溶性的碳酸氢钙。由于石灰岩层各部分含石灰质多少不同，故被侵蚀的程度也不同，从而逐渐被溶解分割成互不相依、千姿百态、陡峭秀丽的山峰和奇异景观的溶洞。

北宋地理学家乐史认为溶洞“云气泉声，四时不绝”，南宋名臣洪皓赋诗赞诵“有此乾坤有此岩，谁知仙境在人间”。船驶离了溶洞，流水在无声无息地侵蚀着岩石，大自然在时间的积淀里造就了鬼斧神工的壮美。下次再来游览时，想必流水在光阴里会书写出另一个故事，成就另一番美景。

14 晾衣竿的奥秘

老张在哈尔滨生活了一辈子，可儿子小张说哈尔滨纬度太高，冬季寒冷漫长，确实太难受了，小张大学毕业后不愿意回哈尔滨工作，便来到了广东省中山市工作。老张有时候不得不来中山市住一段时间，小张在中山市的房子阳台上的晾衣竿是可以调节高度的，老张经常春节前（冬季）过来，可是麻烦来了，挂在阳台的衣服总是晒不到太阳，后来老张把晾衣竿高度调低才可以晒到太阳。但是到了夏季就不行了，老张很纳闷。小张说："到了夏季，你把晾衣竿再调低一点吧。"老张听了儿子的话，夏季又放低了晾衣竿，果真晒到太阳了。可是老张百思不得其解，这是为什么呢？

住了一段时间后，老张很不习惯，在自家的阳台上居然可以看到对面住房的卧室，而且对面楼层有点风吹草动都听得到。老张说，在他们哈尔滨不会遇到这些问题，北方的房子楼距会大一些。为什么南方的房子楼距小一些呢？

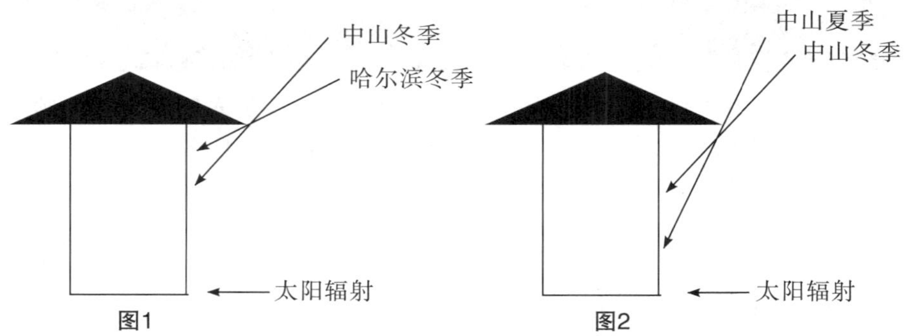

图1　　图2

晾衣竿的调节问题：冬季的时候，中山市的纬度较低，太阳高度角大，如图 1 所示，太阳照射阳台的位置较低，所以要将晾衣竿调低一点，才能照射到太阳。图 2 所示，中山市夏季的太阳高度角比冬季大，太阳照射阳台的位置较低，所以在夏季，应该将晾衣竿的位置调整更低，晾衣竿才能晒到太阳。真是无地理不生活啊，在生活中处处都体现了地理知识的原理与规律。

冬季的时候，哈尔滨的正午太阳高度角小，楼房的影子更长，只有增大楼距，才能避免后面的房子置于前面房子的阴影下。冬季中山市的正午太阳高度角比北方要高，房子的影长要短，所以楼距相对较近。当然，楼距除了和正午太阳高度角有关系外，还和当地的经济发展水平有关，经济发达的地方，寸土寸金，土地价格贵，开发商为了降低建设成本，自然会把楼房建设得又高又密集。

15 金庸眼里的“山”语

金庸的武侠小说被誉为“飞雪连天射白鹿，笑书神侠倚碧鸳”，从小我就是金庸迷，在刀光剑影下浅尝辄止的爱恨情仇总是被添上一抹神秘的色彩，在江湖里探寻着逍遥的气息。金庸以山寄语，诉说着自己的武侠情缘。

武当山 “山语”： 武术之尊

《倚天屠龙记》中张三丰在武当山创立武当派，在书中武当山是“郁郁苍苍，林木茂密，山势甚是雄伟”的存在，而现实中这样的描写未免太过平庸。烟云缭绕的武当山在神秘中透露着霸气，仙道的点缀更是悠长的武之洗礼。

作为著名的道教名山，武当在金庸笔下非常有名，被称为“亘古无双胜境，天下

第一仙山”，以“四大名山皆拱揖，五方仙岳共朝宗”的“五岳之冠”地位闻名于世。“南尊武当”说明了武当山是武术的发源地，更是武术的传承之地。武当者，武力阻挡也。作为山高壑深的交通要道，从春秋战国以来就是战争易守难攻之地。武当山周边高峰林立，武当山山体四周低下，中央呈块状突起，多由古生代千枚岩、板岩和片岩构成，局部有花岗岩。岩层节理发育，并有沿旧断层线不断上升的迹象，形成许多悬崖峭壁的断层崖地貌。云山雾海的静谧中不失尔雅风范，断层的山体更是透露着“刚”的巍峨气息。

嵩山“山语”：少林之育

《笑傲江湖》中有嵩山派，嵩山掌门左冷禅是金庸笔下著名的人物。《天龙八部》中，乔峰幼时也在嵩山少林寺受业于玄苦大师。嵩山作为少林寺的化身，颇有少年英雄的意气风发。嵩山是五岳的中岳，为中原第一名山，因少林寺而闻名天下。嵩山北依黄河，南临颍水，东西横卧，壮美的峰峦叠嶂，俱是少年苦学之路的见证。

嵩山的地质构造以褶皱为主，总体由成近东西走向的一系列背斜向斜穹窿构造组成。褶皱是岩层塑性变形的结果，是地壳中广泛发育的地质构造的基本形态之一，在嵩山上就有向斜和背斜的交替塑性。嵩山岩块沿着断裂面有明显位移的断裂构造称为断层。断层的规模有大有小，所波及的深度有深有浅，导致了错落有致的山体“文身”，是一部“活化”的“岩体博物馆”。

华山“山语”：论剑之祖

金庸笔下的华山之巅，埋藏着东邪西毒南帝北丐争夺九阴真经、郭靖接东邪北丐三百招不败、令狐冲少年意气生等武侠故事。华山之巅论剑，好一派英雄本色。

华山山脉是深成侵入岩体的花岗岩浑然巨石，华山山脉的地壳上升，与渭河地带向下凹陷大相径庭。相异的地壳作用在断续和快慢的交替间显现出东西一线梯形面大断层，大致平行的东西向断层，将山地割切成若干长条形断块。断块在彼此相互上升下降活动中，形成北翘、南俯的岭谷相间的地形，配合纵横河流的切割及风化剥蚀形成了千奇百怪的岩石形状。

东、西、南三峰呈鼎形相依，是华山主峰。中峰、北峰相辅，周围各小峰环卫而立，华山群山起伏，苍苍莽莽，黄河渭水如丝如缕穿行流淌，在如帛如绵中抒写着武林的磅礴大气。

泰山“山语”：盘踞之所

金庸笔下的泰山是一处武侠门派或草莽强梁盘踞之所，《侠客行》的泰山掌门卢十八、《天龙八部》的泰山五雄、《笑傲江湖》的泰山派，等等。泰山是中国五岳之一，自古有五岳独尊之名号。泰山的地质构造十分复杂，以断裂为主，其构造特点为断块掀斜抬升。岩浆活动也眷顾泰山，在几万年前驻足停留。由于泰山地形高峻，河流短小流急，侵蚀力强，河道受断层控制，因而多跌水、瀑布，谷底基岩被流水侵蚀多呈穴状，积水成潭，容易形成潭瀑交替的景观。

山谷间忽吐白云一缕，扶摇直升，蜿蜒的河道在山高谷深的映衬下深不可测，英雄得以在“隐秘”之处盘踞，修整生息。金庸了解泰山山体特征，故把泰山塑造为英雄隐匿之所，实为妙哉。

峨眉山 “山语”： 师太之居

峨眉山在金庸笔下是专属于“师太”的，蛾眉是细长而弯的美丽双眉，借指美女。自《倚天屠龙记》开篇小东邪郭襄创建峨眉派后，峨眉山的尼姑女子就在这钟灵毓秀之地练就绝世武功。

为情献身的郭襄、温婉清逸的周芷若，都在蛾眉留下倩影。云海渺渺、碧潭如镜，谁说女子不如男，衣衫飘动、身法轻盈，女子的武功比男子更出色。女子习得武功，却比男子有更细腻的爱恨情仇，峨眉山见证着女子动荡的一生。

不同的山皆有独特的山语，金庸结合山体特点依山塑人，在虚构的武林小说里其实也存在着真实的地理环境依托，不禁为金庸先生的地理才学所赞叹。

16 《西游记》中的地理

玄奘西行取经的故事在一千多年里不断地被神话和演绎，最终在吴承恩笔下著成经典。和被演绎的故事本身一样，玄奘取经路途上的众多山川风景、自然地理都成了演绎的对象。这些名词在书上被写得天马行空，而在真实世界里，它们也有自己独特的万种风情。

火焰山，维吾尔语称“克孜勒塔格”，意为“红山”，唐人以其炎热曾将其命名为“火山”。《西游记》里描写火焰山时写道：“弊地唤作火焰山，无春无秋。四季皆热。……那山却有八百里火焰，四周寸草不生。若过得山，就是铜脑袋，铁身躯，也要化成汁哩!”据考证，小说火焰山的来源可能是《大唐三藏取经诗话》，这部诗话初次提到猴行者（本书主人公、孙行者原型）以及深沙神（沙僧原型）。话本小说也首次提到了火焰山：“又忽遇一道野火连天，大生烟焰，行走不得。”

虽然是小说，但故事仍然可以追寻现实原型。新疆吐鲁番有个著名的景点“火焰山”，一直被当作《西游记》里“火焰山”的原型。

现代学者们推测当时玄奘看到的生“烟”的“火”，应该是新疆的煤田自燃大火。吐鲁番远离海洋，水汽无法到达，地势低洼，山峰和盆地的落差可达几千米，因其气流下沉很容易引起焚风效应，加上多为荒漠地表，岩石裸露，植被稀少，夏季日照时长长，被太阳照射过的地表温度最高可达80℃，磕个鸡蛋绝对能熟。

新疆的煤田自燃，除了绝对高温，主要还因天山的地质活动较为剧烈，使埋在地层中的水平煤层，经过多次地质运动后变成倾斜煤层，流水冲刷和风蚀后使煤层裸露，与空气接触氧化后引发煤层自燃，最终形成煤田火区。

唐僧路过流沙河收得三弟子沙僧，是西游记里经典的情节。那巨浪滚滚的流沙河在原著里还有一首诗来描写它的宽广、湍急和不可逾越：八百流沙界，三千弱水深。鹅毛飘不起，芦花定底沉。

原著里讲的是“径过有八百里遥”，也就是说流沙河宽八百里。八百里等于400千米，而长江平均宽度也就几千米，入海口宽度才180千米，最宽的亚马孙河入海口才330千米，这样看来宽度达400千米的河流基本不可能，更何况是在常年不下雨的塔克拉玛干大沙漠。所以这只能理解为吴承恩的浪漫主义色彩，“八百里”不过是个形容词罢了。

可流沙河到底在哪里？《西游记》原著第八回提到流沙河曰：“东连沙碛，西抵诸番，南达乌戈，北通鞑靼。”从描述的范围来看，沙碛、诸番、鞑靼都可以判定为蒙古以南、甘肃以西的沙漠地带。事实上，新疆境内至今还有一块被称为“八百里大流沙”的地方。它位于今甘肃的安西和新疆的哈密之间，但却没有河，只是一片热风弥漫、寸草难生的大戈壁，它就是号称“东西横亘八百里”的莫贺延碛。

除了火焰山与流沙河在现实地理中的对映，《西游记》中还有许许多多值得我们讨论探究的地理知识，这些，就需要同学们开动脑筋，仔细考证。

17 在黄沙漫漫中驰骋

一望无际的大漠中，千万亿的黄沙随风起舞，把游人的眼睛都蒙上了一层沙。驱车深入这片苍凉之地，连胡杨也不屑于在这里扎根。在风的呼唤里，在沙的陶冶中，暗黄的色调趁着落日的余晖书写着反对黑暗降临的倔强，它们呼喊着荒野里的最后一片绿。

天公或许对它怜悯，零星地在荒地中洒下几簇沙棘，但也抵不住狂风的怒吼，只能在大漠中艰难地求存。新建的沥青公路镶嵌在连绵的沙峦中，高低起伏，孤独地游弋在盆地和山路的中间。我与同行者驾着车穿行在这漫漫黄沙路中，有的人感叹大漠风光之壮美，念起“大漠孤烟直，长河落日圆”；有的人感叹植被稀少、荒无人烟；有的人沉默不语；而我却若有所思……

新疆土地沙漠化的主要原因在于它深居内陆，远离海洋，且周边有众多大山脉，

重重阻隔导致水汽来源少，降水很少，大部分地区年降水量低于50毫米，但由于日照时间久，蒸发量却异常的大，属于典型的温带大陆性气候，气候干旱导致沙漠化的面积很大。近几十年来，随着人类的开发建设、盲目垦殖，使得荒漠化加剧，植被难以生存。

近年来，新疆的荒漠化治理做得越来越好，无灌溉造林、工程治沙等为沙漠中的绿植保驾护航，葱茏之境指日可待。当再次踏进这片黄沙之地，我欣喜地看到车窗外的变化。伫立在沙丘之上，极目远眺，看到的再也不是茫无涯际的黄色沙源和天地混同的苍凉，而是黄沙地里的一道道绿色屏障。疾风似乎褪去了苍劲，沙砾也在述说着温柔。在黄沙漫漫中驰骋，多了一份喜悦，更多了一份惬意。

18 《三国演义》中的地理

草船借箭

《三国演义》中的政治家、军事家们都很重视气象学知识，诸葛亮就是一个典型代表。“草船借箭”充分展示了诸葛亮丰富的气象学知识。三国时期，刘备与孙权联合攻打曹操，当时东吴都督周瑜非常嫉妒诸葛亮的才能，决定用计谋置诸葛亮于死地。

一天，周瑜让诸葛亮立下军令状，10 天之内必须造出 10 万支箭。诸葛亮却淡定表示“只需要三天”。

诸葛亮之所以敢信誓旦旦立下军令状，是因为他“算”定第三天会有大雾，那么他是如何“算”定这场大雾会出现的呢？

雾是悬浮于近地面空气中的大量水滴或冰晶，使地面水平能见度降低的物理现象，雾的形成过程就是近地面大气中水汽凝结的过程。形成雾的基本条件是近地面空气中水汽充沛，以及使水汽发生凝结的冷却过程和凝结核的存在，同时要求风力微弱，大气层较稳定。

诸葛亮立下军令状时，正处在晴朗少云的深秋季节，白天温度较高，空气中可容纳较多的水汽；但夜间气温很低，空气极易达到过饱和使多余水汽凝结，而长江又为大气源源不断地提供充足水汽，完全具备了形成大雾的条件。诸葛亮见那几天天气少有变化，风力微弱，凭着他对天气变化的规律性认识，因此，料定三日之后会出现大雾。

果然，第三天凌晨大雾漫天，长江之中雾气更重，扎满草人的 20 只船已用长绳连在一起，径直向北岸曹操军营进发。诸葛亮料定曹操不敢出兵。果然，曹操命令弓箭手用乱箭射退敌人。于是曹军 1 万多名弓箭手齐向江中放箭，箭如雨发。诸葛亮乘着大雾用草船“借”来了 10 万多支箭。

火烧葫芦谷

“上知天文，下通地理”是军事家必备的素质，诸葛亮以其丰富的气象学知识，化险为夷，留下千古佳话。然而，“智者千虑，必有一失。”诸葛亮设的“火烧葫芦谷”

却失算了。

公元234年春天，诸葛亮带兵35万驻扎于祁山，司马懿在长安以西渭水一带摆开阵势，准备与诸葛亮决战。葫芦谷地处两山之间，地势低，入口狭窄，每次只能一人一马通过，而谷内却能容纳1 000多人，此地正是设防歼敌的绝妙地带。于是，诸葛亮叫士兵们把干柴、硫黄、火药等堆藏在谷中，同时在谷地两边高山上埋伏着数千名精兵。然后，诸葛亮安排大将魏延诱敌深入。

当司马懿等人追进葫芦谷中，一声炮响，山上的士兵投下无数的木头、石块堵塞了谷口，与此同时，也丢下无数根火把，引燃了谷内的干柴。刹那间，葫芦谷硝烟弥漫，火海一片。司马懿抱着司马师、司马昭大哭道："我们父子都要死在这里了。"忽然狂风大作，乌云密布，接着就下起大雨，浇灭了熊熊的烈火。司马懿喜上眉梢，他们父子带兵奋力冲杀，突破重围。诸葛亮不禁长叹："谋事在人，成事在天。"

诸葛亮本打算设计将魏军司马懿等烧死在葫芦谷，然而事与愿违。这果真是老天爷的安排吗？并非如此。这是当时多方面的地理因素与地理环境对天气影响的结果。

葫芦谷谷地入口窄、腹地阔，两边高、中部低，不利于空气流通。一旦谷内起火，气温开始升高，贴近地面的空气迅速受热膨胀上升，上层及周围冷空气则收缩下沉，形成强烈对流的山谷风，因此出现狂风大作的现象。当谷底大量热气流上升到一定高度时，空气中的水汽又因气温降低而凝结成云雾，再加上柴草燃烧所产生的大量烟尘随空气上升到天空后，又为水汽凝结提供了理想的凝结核，从而加速了水汽的凝结。这些云雾中的小水滴互相碰撞合并，体积就会逐渐变大，最终导致大雨倾盆的局面，浇灭了葫芦谷的大火，司马懿才得以脱险。

智筑冰城

除了诸葛亮，曹操阵营也不乏谋士。曹操北定中原，调集兵马讨伐西凉并杀死首领马燧。马燧之子马超乃三国赫赫有名的虎将，亲率兵马东进，迎战驻扎在渭北（今黄土高原中南部的渭河附近）的曹军。曹操远道驱兵渭水与马超对峙，因长途跋涉，安营扎寨未稳，屡屡被马超的西凉军打败，兵力损失惨重。曹操为保存实力，防备马超的偷袭，命令曹军将士取渭河沙土修筑营寨大墙。但沙土粒粗，屡筑屡塌，无法筑成高大的防范寨墙，曹操因此忧心如焚。

有位当地的隐士献上了一条退马超的良策，他说："连日来渭水一带阴云密布，夜间必刮北风，倘若北风一起定会天寒地冻。当风起之后，令士兵运土泼水到天亮，天明之时，一座坚固的冰土城就会建成。"曹操依计而行，一夜之间一座白色的"冰城"营寨果然筑成。

第二天，马超率兵又前来攻打营寨，大为震惊。冰城险峻光滑，西凉兵久攻不下，损失也相当严重，官兵士气低落，军心开始动摇。此时，静候在"冰城"内的曹军待机冲出营寨，一举击溃了马超的西凉军，最后得以胜利。

那么，骤冷的天气是怎样产生的呢？原因正是冷锋现象。曹操西伐的季节恰是农历十月的初冬之际，此时我国北方大部分地区便会经常出现恶劣的冷锋天气。地处我国地势第二阶梯之上的黄土高原渭水一带，每当冷锋过境时，南来的暖湿气团被迫抬升，再加上地势高峻，加剧了冷空气的强度，故而在抬升暖湿气团时造成阴云密布，气压梯度加大，出现以北风为主的大风天气，并使气温迅速下降。而冷锋过境后，该地区又被冷气团所占据，其较高的地势，使气温进一步下降，天气骤冷，天寒地冻，在这种气象和天气条件下，极易结冰封冻。

可见，作为一名军事指挥官，不仅要了解战地的地形状况，而且还要善于预测一定的地理要素可能会产生的气候现象，从而得出万无一失的判断。

19 月有阴晴圆缺

小时候，读小学语文课本里叶圣陶的《小小的船》“弯弯的月儿小小的船，小小的船儿两头尖，我在小小的船里坐，只看见闪闪的星星，蓝蓝的天”时，心里在纳闷，月亮不是宛如大镜子吗？怎么会是弯弯的呢？每年中秋节，吃着月饼，赏月的时候，看到的也是大如圆盘的月亮，后来高中的时候读到苏轼的《水调歌头·明月几时有》

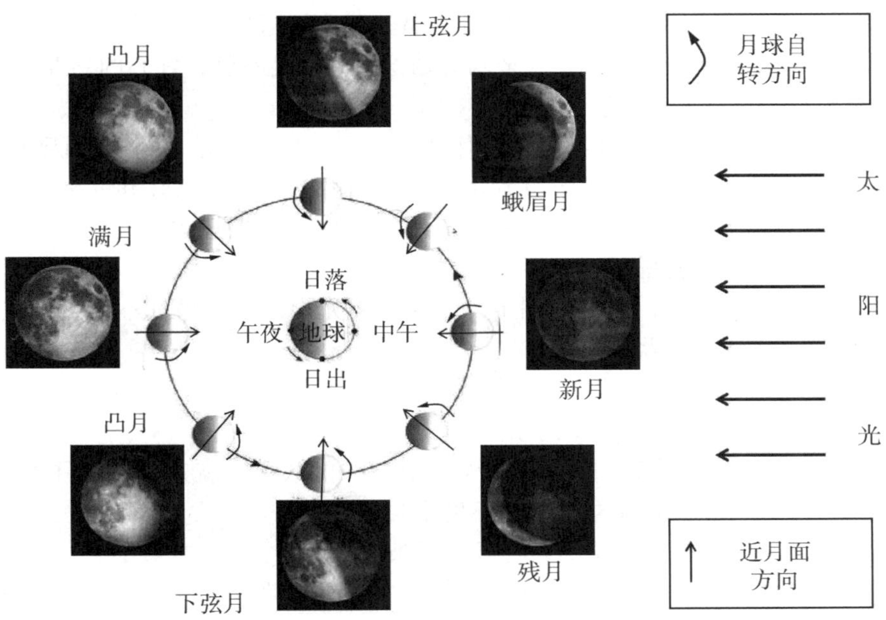

“人有悲欢离合，月有阴晴圆缺”时，才知道月亮是有圆缺变化的，叶圣陶先生看到的是弯弯的月亮，苏轼先生既看到了圆圆的月亮也看到了弯弯的月亮。读到“不知天上宫阙，今夕是何年。我欲乘风归去，又恐琼楼玉宇，高处不胜寒”时，又在想，月亮上有宫阙吗？宫阙是什么样子呢？

每个月初一的时候，月球位于太阳和地球之间，这时候的月相叫新月，因为面向地球这侧是背向太阳的，所以在地球上根本就看不到月亮。十五的时候，地球位于月球和太阳之间，月球面向地球的这侧也同时面向太阳，所以夜晚的时候我们看到的月亮是圆的（每年中秋节的圆月便是如此）。初七和二十二前后，月球位于地球一侧，初七地球位于上弦月位置，我们看到的月亮是半圆形，凸面是朝西的；二十二月球位于下弦月位置，我们看到的月亮也是半圆形，但凸面是朝东的，即“上弦西，下弦东”。

“不知天上宫阙，今夕是何年”，意为：不知道天上的宫殿（指天界），今天是什么时候。暗喻苏轼想要回到京城，回到朝廷之上为民效力的愿望。

20 广东说来就来的寒潮

原始森林中，阳光明媚，鸟儿欢快地歌唱。有一只寒号鸟，凭借着漂亮的羽毛和嘹亮的歌喉，到处去卖弄，看到别人辛勤劳动，反而嘲笑不已，好心的鸟儿提醒它说：“快垒个窝吧！不然冬天来了怎么过呢”。

寒号鸟轻蔑地说：“冬天还早呢，着什么急！趁着大好时光，尽情地玩吧！”

就这样，日复一日，冬天眨眼就到了。鸟儿们晚上躲在自己暖和的窝里安乐的休息，而寒号鸟却在寒风里冻得发抖，用“美丽的歌喉”悔恨过去，哀叫未来，“抖落落，寒风冻死我，明天就垒窝。”

第二天，太阳出来了，万物苏醒了。沐浴在阳光中，寒号鸟好不得意，完全忘记了夜晚的痛苦，又快乐地歌唱起来。

其他鸟儿劝他，“快垒个窝吧，不然晚上又要发抖了。”

寒号鸟嘲笑地说：“不会享受的家伙。”

寒风又来临了，寒号鸟又重复着昨天晚上一样的故事。就这样重复了几个晚上，大雪突然降临，鸟儿们奇怪寒号鸟怎么不发出叫声了呢。

太阳出来了，大家寻找一看，寒号鸟早已被冻死了。

点评：在人的一生中，今天是如此重要！寄希望于明天的人，是一事无成的人，到了明天，后天也就成了明天。今天的事情推到明天，明天的事情推到后天，一而再，再而三。事情永远没完。只有那些懂得如何利用“今天”的人，才会在“今天”创造出明天的希望。

寒风不分南北，终于在冬日眷顾了广东。广东的天气上演着四川的“变脸”之法，让广东人亲身体验了一把骤降温度的魔法。让广东一夜“入冬”的寒潮到底哪里来的“威力”，甚至能把广东人“吹翻”？

寒潮从字面意思可拆解为“寒”和“潮”，意为寒冷的空气像潮水一样奔流而来，是冷空气流动的一种形式。值得注意的是并非所有的冷空气的侵袭过程都叫寒潮。一般冷空气侵袭到某地之后若能使温度在一天之内下降 8 ℃以上或者两天之内下降 10 ℃以上，同时那一天的最低温度又在 4 ℃以下时，才能把这股冷空气叫作寒潮。

来势汹汹的“寒潮”形成过程的源头也可以追溯，中国往北是蒙古国与俄罗斯的西伯利亚，再往北就到了北极，影响中国的寒潮就是从这里形成的。西伯利亚及以北地区因纬度高，在一年中获得的太阳热量极少，到了冬季，随着太阳直射点南移，北半球太阳光照射的角度更小，地面吸收的太阳光热量也更少，地表面的温度变得很低。在冬季的北冰洋地区，气温经常在 -30 ℃以下，大量冷空气在北极地区上空聚集，形成势力强大的冷高压气团，冷高压气团聚集到一定程度，在适宜的高空大气环流作用下，就会大规模向南入侵，形成寒潮天气。

冷空气从西伯利亚西部进入中国新疆，经河西走廊向东南推进，经河套地区和华中地区南下，当冷空气汇合时就会形成大范围的雨雪天气。寒潮除了让我们感觉“毛骨悚然”外，其实也有一定的有利作用。例如：其可携带大量冷空气向中低纬地区倾泻，有助于地球表面热量的交换；带来的大范围雨雪天气可以缓解旱情；潜伏在土壤中过冬的害虫和病菌因为寒潮的来临而无处遁形，最终死亡。寒潮带来的大风还是一种无污染资源，能提升风能发电效率。

“一枚针没有两头利”，寒潮过境往往是弊大于利，剧烈的降温会使农牧业发生冻害，过强的雨雪天气容易降低能见度，地表结冰和积雪会威胁交通安全，冻雨天气还会压垮电线。2008 年寒潮带来的“雪灾”让人们记忆深刻，奥运之年本是举国欢庆，但突如而来的寒潮让人猝不及防地陷入抢险救灾中，幸好这并未难倒英勇无畏的中华儿女们。还记得那一年持续的低温雨雪冰冻袭击了南方大部分地区，寒潮只是一方面，更重要的是寒潮还有充沛的暖湿气流的支持，让整个长江流域雨雪不断。贵州、湖南等地还出现了历史罕见的冻雨天气，在春运期间寒潮的到来对交通的不利影响被成倍放大，可以说是一次名副其实的灾害性天气。

冷空气如果一直盘踞北方，反倒不易出现强降温，但寒潮一般发生在秋末到来年初春，这是因为这个时段处于冷热交替的变幻莫测中。而三四月是寒潮光顾的“高发期”，因为这段时间属于冷暖气流剧烈交战期，天气以“迅雷不及掩耳之势”变化，一旦暖气团被打得稀碎，各地气温就会出现断崖式下跌，此时更容易出现寒潮。

21 广东的台风天

台风来了，我出门的快乐少了，悲伤不自觉多了。在广东生活，害怕突如其来的“台风”打扰了正常的生活秩序——台风带来的不只是剧烈的“风感”还有强降雨下的“城市变汪洋”。

2018 年的台风“天兔”的袭来让我记忆犹新。咆哮的风夹杂着狂怒的雨拍打着我家的玻璃门，窗户上的胶纸即便粘得严严实实，但依旧被吹得七零八落。劲风从窗户小小的缝隙中探出头来，拼命地想要钻进我家，凄厉的叫声就像要上刑场的犯人，听得人不寒而栗。被台风搜刮的大地，在几天之内把“凋零”写进了城市的每一寸肌肤里。这也许是近些年来最强劲的台风了。

每年夏秋季，广东台风肆虐的消息就会不胫而走，整个广东经常成为台风“玩乐”的主场。台风的发生需要巨大的能量，夏季海洋上温度高、湿度大，能量充沛，有利于台风形成，而冬季则相反，因此台风夏秋多，冬春少。海水温度随着季节的转换而变化。从冬到夏，海面接受太阳的辐射热多于从海水中散发出来的热量，使海水温度逐渐升高；而从夏到冬则相反，海水温度逐渐降低。海水温度最高出现在 8 月，最低出现在 2 月。秋季海水温度比春季海水温度高，这就为秋季形成台风提供了充足的能源。

台风多起源于热带洋面，那里经常有许多弱小的热带涡旋，这些就是台风的“胚

胎”。在足够广阔的热带洋面上孕育出热带气旋，而热带气旋周围旋转的强风，会引起中心附近的海水运动，在气压降得很低的台风中心甚至可以造成海洋表面向上涌起，继而又向四周散开，甚至出现“翻腾”，漩涡慢慢地从海上来到陆地，形成了台风的“先兆”。

地球自转偏向力也是台风形成的重要“助推剂”，因赤道的地转偏向力为零，而向两极逐渐增大，故台风发生地点通常离赤道 5 个纬度以上。由于地球的自转，便产生了一个使空气流向改变的力即地转偏向力。地球自转的作用使周围空气很难直接流进低气压，在北半球就沿着低气压的中心做逆时针方向旋转，这给“台风”的到来增加了速度。

台风似乎只偏爱赤道左右的低纬度地区，从来不“往上游走”。这是因为在弱低压上方，高低空之间的风向风速差别较小。在这种情况下，上下空气柱一致行动，高层空气中热量容易积聚，从而增暖。气旋一旦生成，在摩擦层以上的气流将沿等压线流动，高层增暖作用也就能进一步完成。在 20°N 以北地区，气候条件发生了变化，主要是高层风很大，不利于增暖，故台风就很难“眷顾”高纬度地区。

在中山生活的我虽然在夏秋季会受到台风的困扰，但是台风带来的清凉也是炎热夏季里的一丝馈赠。台风的利弊也是因人的感受而异，最重要的是台风天个人要做好保护措施，不要让台风带来不可挽回的灾害。

22 我曾经有“病”

“同学们，我有病，我曾经有病，我的肾不好”。2002 年，学校组织体检，我的体检报告赫然写着：初步鉴定肾结石。看到这结果，我顿觉天日无光，万物俱损。没想到命运对我如此不公，我来到这世界才二十来个年头，年纪轻轻，就患如此大病。但我仍心存一线希望，还是鼓起勇气走进学校医务室。我把体检报告给医生看，一声叹息：“这病咋办啊?”医生看完报告竟然笑了。我非常气愤，在我这么悲伤无助的时刻，她居然落井下石，还是一位女医生，应该多些善良仁爱才对啊。她笑完后，缓缓地说：“你这病很正常，很多人都有，跟我们这里的水质有关。”“严重吗?”“不严重，你的结石很小，建议少吃鱼、牛肉，多吃青菜，多运动，会自行消失的”，我似乎看到了一线“生存”的希望，既然大家都有的病，那就不是病。那就想吃什么就吃什么、能吃什么就吃什么吧。反正运动也是我喜欢的，几乎每天都会打两个小时的篮球。悬着的心总算落地了。

我们这水质不好吗？也不是不好，只是含钙离子多而已，钙离子经过水或者食物进入到人体内，会发生“巨大”的化学反应，变成碳酸钙沉淀物，这就是结石。珠江发源于云南省东北部沾益县的马雄山，其主要干流西江流经云南、贵州、广西，从广东流入海洋。滇、贵、桂及广东西部地区地处亚热带季风气候区，气候湿热，流水的溶蚀作用强，属于典型的喀斯特地貌区。我国西南地区的石灰岩主要成分是碳酸钙，碳酸钙遇到水、二氧化碳反应生成碳酸氢钙即 $CaCO_3 + CO_2 + H_2O = Ca(HCO_3)_2$，钙离子溶解于水中，经过水及食物又进入人体，再沉淀形成碳酸钙即 $Ca(HCO_3)_2 = CaCO_3 + CO_2 + H_2O$。所以“同饮珠江水，共患肾结石”，当然这是典型的夸张与不科学的说法，但只要我们保持良好的饮食习惯，多运动，必定都健健康康！

23 “甜野男孩”丁真

康巴儿女高亢激情的歌声、伴着优美的舞蹈，藏身于藏寨、羌村里，谱写着灿烂而辉煌的民族风情画卷。2020 年的 11 月，一名摄影师在网络平台上发布的短视频里，藏族帅小伙丁真凭借清澈的眼神、纯洁干净的笑容、满脸的“高原红”在线上一夜成名，他在雪山与草原中畅享着田园牧歌式的生活让网友们羡慕不已。白塔在冰川里闪着独特的光芒，经幡、玛尼石以及巍峨的庙宇包装下的生活环境让丁真添了几分神秘色彩。

高原地区有着特殊的气候环境，长期空气干燥，风沙较大，早晚温差大，太阳紫外线强烈等，长期受到高原气候对面部角质层的损伤，在当地人面部角质层较薄且肤质极为敏感的情况下，遇冷遇热、阳光直射后脸上“高原红”颜色表现得异常明显。另外，高原地区冬季寒冷，面部皮肤很容易冻伤，导致血液循环不畅，毛细血管瘀血，于是生活在高原地区的人们就会在面部呈现出片状、网状、条索状的“高原红”了。

在央视的点赞下，丁真顺理成章成为热搜榜的常客。丁真的家乡理塘县隶属四川省甘孜藏族自治州，位于四川省西部、甘孜藏族自治州西南部，海拔高达 4 014 米。身着藏族服饰的丁真尽显其淳朴之态，在马背上驰骋于雪山、高寒草原的丁真又透露出汉子的威武。藏族男性一般穿着“勒规”，属于一种劳动服饰。随着一年四季气候的变化，勒规也随之变化，春夏季上身普遍穿棉布或白茧绸镶锦缎齐腰短衬衫，左襟大、右襟小，再穿棉、毛料缝制的圆领宽袖长袍，藏语叫“楚巴”。裤子腰围、开挡和裤脚都很宽广，头戴毡礼帽。秋冬季衣裤均为牛羊皮革制品，或用人造裁绒缝制，楚巴亦为毛料或羊皮，头戴有护耳的皮帽，脚穿长筒皮鞋或自制藏鞋。

高原地区昼夜温差大，“一山有四季，十里不同天”，夏季早晨冷、中午热、晚上凉。当地的牧民早上外出要穿着保暖的藏袍，一到中午，热得只穿一只袖子，甚至两只袖子都不穿，围系在腰间。一到傍晚，天气又变冷，两只袖子又都得穿上。藏装的“可脱可穿”也是设计精巧，符合当地的气候条件。

网友们觉得丁真的家乡是在西藏，可能是被他一身臧装“蒙蔽”了，也可能是丁真的家乡四川与我们印象当中的四川截然不同——成都火锅、大熊猫、都江堰、乐山大佛是我们心中四川的模样，而实际上四川还隐藏着与我们惯性思维相悖的“西部地区”，这是与青海、西藏交界的高海拔区，其实是青藏高原东南方的延伸区域，被称为“川西高原”。川西位于青藏高原的东缘，是第一台阶向第二台阶急剧过渡的地带，这一带地壳板块相互挤压，隆起下陷相伴而生，再加上河流的强烈切割，形成了一系列南北向的被称为横断山的庞大山脉。丁真的家乡理塘正好就位于四川西部的甘孜藏族自治州，所以我们看到了雪山、冰川、高寒草原等一系列高原景观。山上冰川地貌发育，角峰、围谷、刃脊十分清晰，U 形谷直伸谷底，让人不寒而栗，顿时被雄壮所折服。理塘河镶嵌在碧绿的高原草甸上，倒映着雪山群峰，宛如西藏飘扬的哈达，横亘在丁真的家乡。甘孜藏族自治州，是康巴文化的核心区，甘孜州风光险峻雄奇，称得上气势磅礴、俊秀幽深。丹巴藏寨、稻城亚丁、康定木格措簇拥着耸列的高原生态，传诵着一曲远阔的高原之歌。

尽管很多人想让“甜野男孩”丁真“搬离家乡”，走向更广阔的世界，但本性淳朴的他还是选择家乡，选择骑马，选择做英勇的赛马王子。他俨然知道外面的世界很大，可他只想用他单纯的笑守护着家乡，守卫着自己那一方熟悉而善良的世界。在他的生活里，时间就如沙漏一样，慢慢地品、细细地探。他可以在草地上躺一天，看高山大川，看草原牛羊，看生活的惬意，看留在他脸上的纯真笑意。历史的烽烟化作大地上的霓虹，从川西高原的山涧里谛听新时代丁真的呼吸。

24 可可托海的千丝万缕

《可可托海的牧羊人》旋律悠扬，在我心里不自觉地徘徊，“那夜的雨也没能留住你，山谷的风它陪着我哭泣。”可可托海似乎浮现出沉重的山，歌唱着灵性的雨，踌躇着悠扬的风，驼铃声随着音乐回响在我的耳畔，关于那美丽的那拉提，还有披着红衣的女郎在召唤着我的来临。

“翻过雪山穿越戈壁，可你不辞而别还断绝了所有的消息。我酿的酒喝不醉我自己，你唱的歌却让我一醉不起。”关于可可托海，听到的更多的是驱车而去的传说，在荒漠里绽放的激情，在歌声里寻觅的爱情。旋律的起承转合，映照着可可托海的杏花，酿出爱人之间的甜蜜。

毡房外又有大漠声声响起，让来到这里的人驻足观望，留恋缱绻，回望这里的故事。可可托海位于阿尔泰山中部富蕴县，可可托海蒙语意为“蓝色的河湾”，哈萨克语意是“绿色丛林”。这里既有卡拉先格尔地震断裂带、可可苏里、伊雷木湖、额尔齐斯大峡谷组成的“蓝色海湾”，还有沼泽湿地、草原等自然“绿色丛林”景观。可可托海不仅融合了草原游牧文化、西域民族风情等人文景观，还有丰富的“山体”。沿额尔齐斯河对峙连绵排列的花岗岩山峰，峰壁圆浑、形态多样。每一座山峰都蕴藏着一个故事——在傲立的孤峰中妻子盼望着远行未归的丈夫，在直插云端的陡峭山峰中见证新中国崛起的秘密。岩石上生长着白桦树、青松和西伯利亚云杉，映衬着白云缭绕，高耸的巍峨之态深深烙印在神秘的可可托海。

可可托海是中外地质学者心目中的圣地。可可托海三号矿是伟晶岩脉矿坑，盛产着目前世界上已知的140多种有用矿物中的86种矿，其中铍资源量居全国首位，稀有元素铯、锂、钽资源量也极为丰富。可可托海矿种之多，品位之高，储量之丰富，层次之分明，开采规模之大，为国内独有、世界罕见，是全球地质界公认的“天然地质博物馆”。锂、铍、钼、铷、铯、铪、铀、钍、钽、铌、镍、铅、锌、钨、锰、铋、锡等多种稀有金属，以及非金属矿物云母、长石、石英、重晶石、蓝晶石、石灰石、煤、盐、碱等在这里富集，可可托海里拥有的“聚宝盆”元素是人类已知有用矿物种类的60%。各种矿物呈十分规则的螺旋带状分布，分布界线非常分明。

可可托海三号矿坑与我国崛起发展变得强盛的命运息息相关，因为正是这个“坑”，在20世纪60年代曾为国家偿还了苏联47%的债务。这个坑还为我国第一颗原子弹、氢弹的爆炸立下了不朽功勋，为中国第一颗核弹提供了必需的稀有金属，为核弹的成功爆炸、航空航天事业以及相关尖端科技的发展提供了坚实的物质基础和资金后盾。可可托海的三号矿坑当之无愧地被称为共和国的功勋矿、英雄矿。

可可托海的牧羊人似乎也是共和国的建功之人，他们把自己的一生贡献给祖国的科研事业，将自己永远留在了可可托海的土地上。提起可可托海，我脑海里总是千丝万缕。不单单只浮现有牧羊人追求爱情的浪漫，更多出现的是共和国无名之辈背后的英雄情怀。

此时，我情不自禁地唱起了《可可托海的牧羊人》。

25 南方的墙会出“汗”

飘摇的雨混杂着纷繁不宁的心绪，消融于迷离的夜色。“问广东晴为何物？直教人晒不干衣裤。”晾了好几天的衣服没有得到阳光的眷顾，依旧以湿嗒嗒的姿态浸润触摸着的手。水珠和家里的墙壁、地板、门缝“亲吻”，感觉在屋内也有无尽的雨滴洒进来。

潮湿的空气让人的心情也变得闷闷不乐，缺少了太阳，生活就少了一些生气。这种天气俗称“回南天”，是广东的一大“特产”。在宜居的广东，“回南天”的出现可算是“美味白粥”里的一粒“老鼠屎”了，让广东人不由自主嗤之以鼻。每年的二三月，是暖空气返潮的高峰期，冷空气走后，暖湿气流迅速反攻，致使气温回升，空气湿度加大，一些尚较冷的物体表面遇到暖湿气流后，容易产生水珠，连空气似乎都能拧出水来。

“回南天”时的墙壁和地板有水，其实跟海雾产生的原理很相似。而且在南方比较严重，这与南方空气湿润有关。温暖潮湿的海洋气流，从较暖海面流经较凉海面，空气中的水汽遇冷凝结成雾滴，在空中积聚便形成雾。如果气流经过的海面温差大，则成雾的机会亦较大。受冬季寒冷天气影响，墙壁和地板的表里都冷了。如果这时温暖潮湿的空气流过墙壁和地板，空气中的水汽遇冷凝结成水滴，附在墙壁和地板上，便好像是墙壁和地板渗出水来了。夏天纵然有潮湿的海洋气流，但墙壁和地板的表面不够冷，墙壁和地板是不会“出水”的。

正是因为有“回南天”的衬托，我们才能发现阳光的美好。“潮湿”的郁闷总会过去，那春意盎然的明天，终将随着朝阳一同到来。

26 美丽“冻”人

2016 年的冬天，我来到了长春，刚下飞机一股寒意便“深入骨髓”，有点像广东下雨天的“湿冷”。雨悄无声息地湿润着这座北方城市，散落一身轻盈。冷空气不满意雨的温柔，唤来了雪的肆虐。整个城市便下起了鹅毛大雪。雪漫无目的地洒落在人间，结成了白茫茫的一层，房顶上、树梢上、路牌上、伶仃路人的帽檐里都被小小的六角形覆盖。雪滋润着我裸露在空气中的红扑扑的脸，夹杂着一丝凉气悄无声息地钻入我的身体里。雪就是雨的另一个精灵，它俏皮地变换着它的姿态，让我难以捉摸。

风呼啸着，似乎又在展露着它的雄姿，宣告着它称霸北方的伟略。长春冬季的夜格外漫长，被寒冷包裹着的躯体竟不知如何动弹，只能蜷缩在酒店的房间里，听风怒吼的狂躁之音。同行者似乎异常兴奋，看到大雪纷飞觉得是一种唯美的浪漫，掏出手机拍照，而我只是沉思雪后的光景。

漫长的夜可算过去了，清早迎着晨曦，我惊喜地看到了树叶被晶莹剔透的冰块冰封起来的奇景。昨夜厚厚的雪压在枝头，树叶中的水滴似乎被“冻住了”，紧紧地黏在树叶上，不能剥离。满街的树挂在阳光照射下闪闪发光，像是凝固了天使的眼泪般闪着银色，熠熠生辉。枝条仿佛褪去了枯萎的干涩，多了几分清爽和秀丽。这就是百年难得一遇的冰挂，是长春冷却的降水碰到温度低于零摄氏度的物体表面时所形成的玻璃状的透明或无光泽的冰覆盖层。在雨的帮助下，雪纷至沓来才能形成如此美景。我沉浸于邂逅这冰雪奇缘，大自然的鬼斧神工在我的眼皮下雕刻出如此玲珑剔透的晶体。一向对雪不兴奋的我也掏出了手机，记录下这唯美的长春之冬的冰挂馈赠。

除了长春千年一遇的冰挂以外，壶口冰挂和九寨沟冰挂也是世界奇观。通常情况下，只有雨雪雾等潮湿天气才容易形成冰挂，就像长春那样。然而壶口瀑布由于水的自然落差，形成大量的水雾，这成了冰挂的“原材料”。水流从壶口瀑布上方跌入十里龙槽，飞溅的浪花和弥天的水雾在两岸的岩石和护栏上凝结成壮观的、造型各异的冰挂，剔透的冰挂层层叠叠，构成了一幅壶口瀑布冬日里独特的美景。

另一个是九寨沟诺日朗大瀑布的冰挂。瀑布背对阳光，在低温下冰挂不易融化，虽然其上有不间断的水流冲击。但凝结的冰挂和汹涌的流水和谐共处，形成一幅错落有致的画卷，在深色的崇山里点染了几簇花白，也颇具艺术色彩。

长春的冰挂始终与壶口冰挂和九寨沟冰挂相异，不是乳白色的堆砌，而是晶莹透亮的润滑，在冰里似乎还包裹着春华秋实的遗落的秘密，在冬的徜徉里，我不自觉地迷恋上了这冻结的美丽。

27 我家阳台上的阳光

我去年换了学校分配的房子，迫于无奈，急需三房，我便选了一套一楼三房两厅的房子，但是我前面那栋楼有四层高，而且两栋楼层之间距离大约 30 米。所以我担心我一楼的阳台照不到阳光。不过还好，自从 5 月 1 日搬进新房，阳台上都是阳光普照，晒衣服绝对没问题，而且我的房子旁边有片大树林，树林里有块水泥空地，偶尔晒被子、衣服等也很方便。

但是今天（11 月 17 日），我家阳台上照不到太阳了，前几天还可以的。看来今后在阳台上晾晒衣服就难晒干了，不知道什么时候又能晒到太阳呢？出现这种情况，其实跟地理知识密切相关。

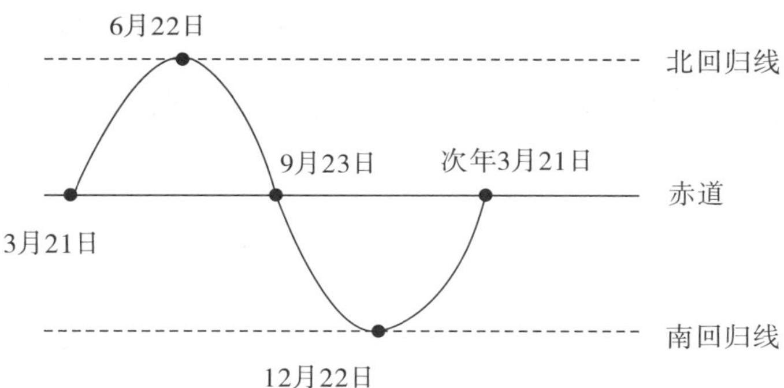

太阳光照和太阳直射点的位置有直接的关系。一年当中太阳直射点在南北回归线之间来回移动，6 月 22 日，直射在北回归线，9 月 23 日直射在赤道上，12 月 22 日直射在南回归线，太阳直射点在地球上的移动速度约为 7.8°每月，11 月 17 日，太阳直射点大约在南纬 9.36°。也就是说太阳直射点位于南纬 9.36°及其以南地区时，我家的房子阳台上照不到太阳，当太阳直射点位于南纬 9.36°以北地区时，太阳是可以照射到我家阳台上的。11 月 17 日距离 12 月 22 日还有 35 天，所以过了 12 月 22 日，再过 35 天，太阳直射点又位于南纬 9.36°。即在 1 月 26 日以后，太阳才能又照射到我家的阳台上，故一年之中有约两个月零十天的时间太阳照射不到我家阳台。

28 白居易在大林寺赏桃花

“人间四月芳菲尽，山寺桃花始盛开。长恨春归无觅处，不知转入此中来。”这是白居易在人迹罕至的大林寺留下的一首绝句。四月份庐山脚下，百花凋零、芳菲殆尽，给人无限感伤。白居易为了寻觅春光一路攀登，没想到是“柳暗花明”，山顶大林寺内的桃花方才盛开。山脚的凋零之象消失不见，取而代之的是盛放的桃花。更让人惊喜的是，移步便可见大片漫漫春光，星星点点释放出无限的美妙和韵味。桃花通常象征着春天，山上扑面而来的鲜花让白居易欣喜若狂，但作为一名地理老师，我就要煞煞风景了，为何会出现“一山有四季”的现象呢？这是山地垂直地带性的表现，丘陵山地地区由于热量、水分随海拔的变化的影响，气候自山麓向山顶的垂直方向有序发生变化。在深山之中，随着海拔升高，气温逐渐降低。虽然山下花时已过，但山中恰好正值开花季节。白老先生在发现了高山上的桃花时高声感慨：“春天哪，大家都说你归去了，到处都找不到你，原来你躲在这里！”

“一山有四季，十里不同天”，可以用山地垂直地带性来解释。从山脚爬到山顶，犹如经历春夏秋冬四个季节。山脚下是炎炎夏季的时候，山顶上还是白雪皑皑。一般

来说，不同纬度、不同海拔高度的山脉，自然带谱不一样。纬度越低，海拔越高的山脉自然带谱越复杂。

白居易登的庐山就在低纬度地区，山麓为亚热带季风气候，自然带为亚热带常绿阔叶林带，随着海拔的升高，自然气候带也不断变化。如果山体的海拔足够高，那么就会呈现从亚热带到温带，再到亚寒带甚至冰原气候的变化。大林寺若在阳坡，那桃花开放的海拔会比阴坡更高。这些自然地理常识，对几千年前的古人们来说，可以算得上奇观了。

虽然白居易老先生不懂得自然地理科学的原理，但他做出来的诗句仍然为后世传颂，这也正是语言文字的魅力所在。

29 一颗鹅卵石的一生

我还记得在我很小的时候，我和妈妈住在一片水草丰美的地方。那里阳光温暖，风儿柔和，每天醒来都能听到鸟儿们婉转的啼鸣。但在我十岁那年，这片丰饶的土地却发生了翻天覆地的变化，气候变得极端恶劣，小鱼和小鸟顷刻之间就失去了生命。

妈妈带着我常年暴露在太阳底下，白天高温炙烤，毒辣辣的太阳肆无忌惮地鞭打着我们，身上痛得几乎使我炸裂。夜晚低温冻害，我和妈妈冷得身上满是裂纹。日复一日，妈妈的身上布满了伤口，我也几乎要从妈妈身上脱落下来。

不知道什么时候，妈妈的伤口上来了几颗种子。妈妈身上没有合适的水分和土壤，在残酷的争夺养分的竞争中，只有一颗最为顽强的种子勉强活了下来。没想到这颗种子居然越长越大，把妈妈的伤口撑得越来越大。小种子长啊长，最后长成了一棵参天大树，强行把我从妈妈的怀抱推开。我连滚带爬，掉进了极速奔涌的洪流中。洪流实在太快了，它裹挟着我让我被迫在河底左冲右撞。为了减轻疼痛，我只好在水里不断翻滚。翻滚中我的速度减慢了一些，但即便如此，我还是来不及抓住路边的小草，只得一路狂奔。

终于，来到了弯弯的河道，速度慢下来了一些，我可以喘口气了。对面岸边是一望无际的沙滩，阳光灿烂，我真想躺在沙滩上休息一会儿，晒晒太阳，听听沙滩儿时的故事。正当我遐想联翩时，一阵更加猛烈的洪水席卷而来，水流拽着我一路前行。来不及停留，拐了个大弯，刚才从河湾里又跳下来几个小兄弟。我们的队伍越来越庞大，可是我的身体却越来越瘦小，身上六个棱角只剩下三个了。

虽然有些难过，但棱角被流水磨得光滑一些之后，我可以在水中自由自在游泳了，

偶尔还能浮出水面，看一看蓝天白云。以前被洪水生吞活剥般拉扯向前，如今我竟能享受这种奔腾的感觉了。就这样不知前行了多少年，突然，我眼前剧烈地闪烁起大片大片的蓝光，我害怕地闭上了眼睛。过了一会，听见小伙伴们兴奋的喊叫声："大海！我终于见到大海啦！"可是我明显地感觉到周围浸泡的水越来越有气无力，这就是大海的感觉吗？我太好奇了，忍不住睁开眼睛，哇，真的是大海，好蓝好宽广呀！海水很柔和，我仿佛回到了小时候，但我突然发现自己的棱角全没了。原来，我已经变成了一颗全身光溜溜的椭圆形鹅卵石。

我和小伙伴们在一片片浪花中迷失了方向，没过多久，我就被一阵猛烈的浪推着向前。再次睁眼时，我已经躺在了一片金灿灿的沙滩上。我在沙滩上悠然地躺着，细碎的沙粒抚摸着我的身体，是久违的妈妈的怀抱。正当我享受着沙子们的抚摸时，听见不远处传来阵阵稚嫩的嬉戏打闹声。这些声音逐渐走进，一个可爱的小女孩看见了沙滩中光滑的我，她睁大眼睛仿佛发现了一枚珍宝，"哇，这颗鹅卵石好漂亮呀，我要把它带回家，放在我的铅笔盒里！"就这样，我从一颗平凡无奇的碎石子变成了女孩笔盒里珍藏的鹅卵石。

听了以上的故事，你是否已经掌握了鹅卵石的形成过程？请从地理知识的角度试着复述一遍。

30 今天我们来做试验

器材：竹筷子两条，要求：1 厘米厚、2 厘米宽、15 厘米长。

实验步骤

（一）模拟背斜

（1）左右手分别握着竹筷的两端（手心向下）。

（2）两个大拇指顶住筷子的下边，用力往上顶，两只手用力往下掰，使筷子向上慢慢拱起。

（3）观察筷子上边和下边，哪一边先断裂？

（二）模拟向斜

（1）左右手分别握着筷子的两端（手心向上）。

（2）两只手用力往上掰，使筷子向下慢慢弯曲。

（3）观察筷子上边和下边，哪一边先断裂?

观察结果：（一）模拟背斜时，筷子上边先断裂。上边受张力；
为什么下边没有断裂？下边受挤压力。
（二）模拟向斜时，筷子下边先断裂。下边受张力；
为什么上边没有断裂？上边受挤压力。

背斜向上拱起，岩层顶部受张力易出现裂隙，一旦露出地表，容易被外力侵蚀，甚至成为谷地。向斜向下弯曲，槽部受挤压力，岩性坚硬，不易被外力侵蚀，下边受张力，但是下部有岩石顶托，且不易出露地表，所以向斜不易被侵蚀，又经过长时间的沉积，向斜构造的地形容易形成山岭。但是如果在向斜构造下部开凿一条隧道，结果会怎么样？开凿了隧道后，向斜岩层下部岩石失去了顶托力，容易受张力而崩塌，所以说不宜在向斜开凿隧道，而要在背斜开凿隧道。

31 山不在高，有茶则名

“欲访踏歌云外客，注烹仙掌露华香”，茶的香气氤氲在空气中，一片树叶在浸泡过后焕发令人醍醐灌顶的神清气爽，留香于唇齿之间。醇厚的白雾升腾，遮盖了眼睛的视线，徒留一抹芬芳沾染在衣衫上。

碧绿清澈的茶色，过一会又变得橙黄，和友人共品好茶，就如赏春天的鲜花，如沐江南的微风。生于山岩险峰的茶，入口先苦后甜，仿佛历尽一生风霜雨雪，最终回归平淡的闲适安宁。滚烫的水沏出的芽叶仍竖悬汤中，三起三落的泡茶技艺，仿佛洗尽铅华不落俗套的君子清高。

所谓“山不在高，有茶则名”，茶树喜欢长在山里，在偏酸性土壤中尤其生存得好，土壤的有机质含量为其提供丰富的养分，疏松性和透气性见证了茶树的成长。“一茶一世界，一叶一追寻”，在茶树的正常生长过程中，大部分水分是通过降雨所获得的，种植茶树的年降雨量最少要达到 1 500 毫米。温度对茶树的生长有着直接影响，因而茶树的正常生长适宜温度在 18 ~ 25℃。随着海拔的升高，气温和湿度都有明显的变化，在一定高度的山区，雨量充沛，空气湿度大，由于山地海拔高，云雾弥漫，所以茶树接受日光辐射和光线的质量与平地不同。长波光受云雾阻挡，在云层被反射，以青蓝光为主的短波光穿透力强，作用于茶树，从而合成更多的生物碱和酚性物，这对茶树生长有利。坡度 30°以下的偏南坡是茶树施展其魅力的绝佳之处。在湿润温暖的小镇里，山脚之下席地而坐，农人从坡里摘来新上的茶叶，看茶叶如青螺入水般旋转下沉，茶水似碧玉般晶莹透亮。

茶树是一种喜欢漫射光而不喜欢阳光直射的植物。小镇的夏天，阳光柔得亲切，冬日来临之时，农人的爱护也让茶树远离伤冻。年复一年，茶树慢慢茁壮；日复一日，茶叶渐渐鲜香。

在古朴的室内饮茶，感受安逸而与世隔绝的光影，领悟道家的虚静缭缈、佛家的静虑参禅，淡泊、涤心的超然世味融入舌尖。茶味萦绕于心间，和友人谈笑风生，渐渐忘却芸芸，尘劳顿消。慢饮之时，顿感洗涤灵魂的纯粹，早已忘却快速运转的社会，早已忘却行色匆忙的路人，早已忘却筋疲力尽的琐事。慢下来品一杯茶，竟不知夜幕降临，点点华灯初上，小镇的一盏橘黄色的灯，似乎是为自己而亮，顿时溢满温暖与安宁。

32 被海水包围的神庙——巴厘岛海神庙

远处袭来的海水在风的涌动下翻起了白色的浪，浪花包裹在神圣的庙宇周围，诵起了大自然的交响乐。走到庙宇附近，总有一股庄严沁入心脾。湛蓝的天和汹涌的海之间拉起了一条若隐若现的分界线，海神庙就怡然自得地跨越其中。海神庙是巴厘岛三大神庙之一，每逢潮涨之时，岩石被海水包围，整座寺庙与陆地隔绝。

阴天下，朦胧的光线勾勒出海神庙古典而悠扬的轮廓。暗沉的礁石、蔚蓝的大海、雪白的浪花都为大海中孤立的庙宇添加了油画的背景，蓬莱仙境在画纸上一触即发。海神庙是孤独的，初见并不惹人惊艳，不讨很多人喜欢。因此这里比较安静，海神庙屹立在大海已数百年光阴，见证了巴厘岛的数百年的兴衰。既有惊涛骇浪的洗礼，也有依偎大海的温柔，别人说海神庙是“孤悬大海的陆地的弃子”，但我却觉得海神庙簇拥最宽广的自然的怀抱。

潮涨时，海神庙四周环绕海水，和陆地完全隔离，落潮时方可与陆地相通。海神庙最早建于十六世纪，海神庙有一个传说，寺庙建成时忽逢巨浪，寺庙岌岌可危，于是寺内和尚解下身上腰带抛入海中，腰带化为两条海蛇，终于镇住风浪。从此海蛇也成为寺庙的守护神。小小的海蛇竟迸发如此强劲的守护力，体现了巴厘岛人民对美好和安稳的向往。

在海水运动中，对岩石侵蚀破坏所形成的地貌在海神庙中尤为凸显。由于海浪对岩石进行机械性的撞击和冲刷，岩缝中的空气被海浪压缩后对岩石产生巨大的压力。除此以外，波浪挟带的碎屑物质也对岩石不断进行研磨，海水还对岩石进行不间断的溶蚀作用，这就是海岸侵蚀地貌的发育过程。海岸地貌的发育除与沿岸海水动力的强弱和海岸的纬度地带性有关以外，还受组成海岸的岩石的抗蚀能力有关。结构致密、坚硬的岩石海岸，抗蚀能力较强，海神庙就因裂隙和节理发育而形成了独具特色的海蚀崖和海蚀拱桥。

经过漫长岁月潮汐的拍打、海水的侵蚀以及海风的雕刻，海神庙里的岩石带着优美的弧度刺入茫茫的大海之中。海岸受波浪及其挟带岩屑的冲击、侵蚀，形成洞穴。波浪对海岸的侵蚀，主要集中在海平面附近。水位的升降、岩壁的干湿变化加剧了岩石的风化作用，有助于海浪的侵蚀。此外海水的堆积作用形成了一系列海神庙周遭的海岸堆积地貌。

时间的沙漏记录了海神庙沧海桑田的变迁，造物主的鬼斧神工让游人乐而忘返。季节变迁、风云变幻、潮涨潮落，掉落到海里的岩石很快就会被冲刷磨蚀成遍布海滩的大大小小的石块。和煦的晴天映照波光粼粼的大海，天然雕塑的美景，如诗如画，蓝得纯粹、碧得晶莹，褪去浮华和喧嚣，只有遗世独立的恬淡，永远被美包围。

33 重庆之最

重庆西北部和中部以丘陵、低山为主，东南部靠大巴山和武陵山两座大山脉，西部是四川盆地的坡地较多，有“山城”之称。它总的地势是东南部和东北部高，中部和西部低，由南北向长江河谷逐级降低。因为夏季正午太阳高度大，白昼时间长，获得太阳辐射热量多；工业发达，人口密集，排放热量多；四川盆地四周山脉环绕，地势中间低，四周高，夏季热量不易扩散，为中国四大“火炉”城市之一。

接下来给同学们介绍一些重庆之最：

- 重庆最大的堰塞湖——黔江小南海，原名小瀛海，一个美丽的高山湖泊，位于重庆与湖北交界处。是一个融山、海、岛、峡诸风光于一体的高山淡水堰塞湖泊，也是国内迄今保存最完整的一处古地震遗址。
- 重庆最大的国家级自然保护区——城口大巴山国家自然保护区，它位于重庆市的最北端，大巴山南麓，属于森林生态系统类型自然保护区。主要保护对象是亚热带森林。
- 重庆最大的草场——城口黄安坝高山草场，东西长 50 余千米，南北宽 10 多千米，分布于大巴山主峰上，总面积约 204 平方千米。宽阔的草原上，山峦起伏像座座蒙古包，白云悠悠，牛羊点点，仿佛置身于内蒙古大草原上，草场四周林海苍茫，群峰竞秀。
- 重庆最大的国家湿地公园——酉水河国家湿地公园，其规划范围位于重庆酉水河河道的酉酬码头至酉阳与秀山交界处。沿岸为土家人聚居地，是土家文化的发祥地，文化底蕴深厚。
- 重庆最长的地缝——奉节天井峡地缝，它全长 14 千米，分上、下两段。缝两壁陡峭如刀切，是典型的“一线天”峡谷景观。缝底有落水洞，暴雨后有水流。
- 重庆最高的瀑布——江津望乡台瀑布，是四面山的标志性景点，高 158 米，宽 48 米，是四面山最为壮观的瀑布，比著名的黄果树瀑布高出一倍以上，堪称华夏第一高瀑。

● 重庆最大的竹海——梁平百里竹海，竹类品种多达 37 个，面积 119 平方千米，为巴渝第一大竹海，被誉为“竹类博物馆”。

● 重庆最大的平原——梁平坝子，它是川东平行岭谷的一部分，由古代湖泊沉积而成的平坝，地势平坦而开阔，面积 100.73 平方千米。

● 重庆最大的天坑——奉节小寨天坑，也是世界上最大的天坑。在重庆市奉节县境内，位于距奉节县城 91 千米的荆竹乡小寨村。属当今世界洞穴奇观之一。

重庆最大的人工湖——长寿湖，是“一五”期间重点工程狮子滩水电站拦河大坝建成以后而形成的人工淡水湖，水域面积 65.5 平方千米，库容 10 亿立方米，是我国西南地区最大的人工湖。203 个大小岛屿星罗棋布，湖湾岛汊交织，浅滩成片，建有野生动物自然保护区，栖息着 42 种鸟类、28 种水禽。

云兴霞蔚，隐隐约约的青山，千里迢迢的绿水，一幅自然天成的山水画卷，这就是最美重庆。

34 不断新陈代谢　方能维持活力

朱熹《观书有感》道：“半亩方塘一鉴开，天光云影共徘徊。问渠那得清如许？为有源头活水来。”水声漫漫，鸟鸣涧中，朱熹在山中读书，兴味正浓。他悠然自得地抬头一看，眼前是一方半亩大小的池塘，它如同一面一尘不染的镜子映照天空，天边暖晕的光芒、浮云的片影在水面上摇曳浮动。

池塘为何如明镜般澄澈？朱熹说，那是因为在远处的一隅，一泉永不枯竭的水源喷涌而出，通过丝绸般的河流源源不息地为它注入新鲜的活水。那么，池塘的清澈与源头的那一泉水源有着怎样的关联呢？俗话说，近朱者赤近墨者黑，很明显，跑进池塘的涓涓细流是否干净直接关系到池塘是否澄澈。

石上所流是清泉抑或是污泉，与污染物的移动及河流水体的自净能力息息相关。那些能够追寻到污染源头的污染现象，我们称之为点源污染，顾名思义，即有固定的污染点。例如工厂通过排污口排出的工业废水、城市管道排出的生活污水等。人类在生产活动中造成了各式各样的水体污染，其中，工业生产引发的水体污染尤为严重，如工业废水，里头包含的污染物繁多、成分复杂，净化水质花费的成本十分高昂，亦难以将其彻底处理。

还有一种“污染细无声”的污染现象，亦即我们难以确切寻其污染源，我们称之为非点源污染。污染物潜藏在水循环系统中，经由降水、地表径流、地下径流等形式

造成水污染。牵一发而动全身，其结果不仅会使水体受到污染，而且会让这一流域的生态系统陷入紊乱状态。如农田的不合理耕种导致的水土流失，在水土流失的过程中不仅会让河流附近大量肥沃的土壤被席卷而去，大量的污染物也会乘虚而入，使澄澈的河流渐见浑浊。再如，农药化肥的渗透经过地表径流污染流域的水循环系统。但是，被污染的水体并不会“坐以待毙”，它可以一定程度上净化自身。自然水体的自净能力是有限的，一旦排入水体的污染物超过了某一界限，就会对水质造成永久性的伤害。

影响水体自净的因素不可枚举，如水体的流动速度、面积、深度、温度等都可以影响水体的自净能力。方塘能得清如许，得益于长流不断的水源为其进行“新陈代谢”，而这水源必定是要纯净的。朱熹这一首诗意欲表达水犹如此，治学也应该如此，我们的精神和肉体也应该不断地进行“新陈代谢”方能维持自身的活力。

35 阿富汗的斗风筝

“我们是否知道，我们心中的风筝到底在什么地方，人生错过就不会再得到，也许我们会忏悔，会救赎，但这些似乎都已经晚了，每当天空放飞起风筝的那一刻，我们是不是应该问问自己，我们是否真的珍惜我们所拥有的一切。”《追风筝的人》围绕风筝与阿富汗喀布尔两个少年，讲述富家少年阿米尔与家中仆人哈桑的故事，这是一部关于爱与自我救赎的小说，也是阿富汗——这个离天空最近的地方也是离天堂最远的地方的风俗志。《芝加哥论坛报》在评论《追风筝的人》的时候这样说：“《追风筝的人》最伟大的力量之一是对阿富汗斯坦人与阿富汗斯坦文化的悲悯描绘。作者以温暖、令人欣羡的亲密笔触描写阿富汗斯坦和人民。”

故事就发生在这片 64. 75 万平方千米的土地上，阿富汗的名字在普什图语中的意思是“普什图人的地方”，而普什图人亦是现时阿富汗国内人口最多的族群，而由于宗教文化传统，人们的种族观念十分强烈。故事的两位主人公：阿米尔是占当地民族多数的普什图人，哈桑则是备受歧视的哈扎拉人。直到现在，阿富汗人都因为战争纷乱而无法过上安定的生活，就连《追风筝的人》在拍摄电影版时也因为战争原因只能选择与喀布尔自然环境相似的喀什作为电影场景进行拍摄。

之所以说阿富汗是“离天空最近的地方”，原因是阿富汗境内山脉连绵，平均海拔 1 000 米，高原和山地占全国面积的五分之四，其北部和西南部多为平原，西南部沙漠广布。阿富汗东部地处亚欧板块和印度洋板块的交界地区，属于地中海—喜马拉雅地震带，呈东北—西南走向的兴都库什山脉如巨龙般匍匐在阿富汗的版图之上。

独特的地理位置使得阿富汗成为“众矢之的”。阿富汗曾是“丝绸之路”的中转站之一，是多种文明的交汇处。阿富汗在地理位置上介于中亚、西亚和南亚之间，甚至与东亚、欧洲也有联系，是军事战略的要地，对相邻地区特别是巴基斯坦、伊朗和中亚五国的安全可以起到关键作用，还能影响到中国、俄罗斯、印度等大国。阿富汗也是中亚里海地区能源外运的重要通道。如果能够控制阿富汗，西方就能建设从阿富汗到巴基斯坦的“南线天然气管道”。“不怕无黄金，唯恐无白雪”的阿富汗地处内陆，远离海洋，形成了全年少雨干燥的大陆性气候，冬季寒冷，夏季炎热。阿富汗全国年平均降雨量仅 240 毫米左右，河水的来源大多是雪水。你可以看到干燥龟裂的土地，随风扬起的沙尘，可以看到人们售卖西瓜、痛喝冰饮，也可以看到积雪未化银装素裹的广袤大地。战火纷飞，民不聊生，祸结兵连，饿殍遍野，所以我们也说阿富汗是“离天堂最远的地方”。

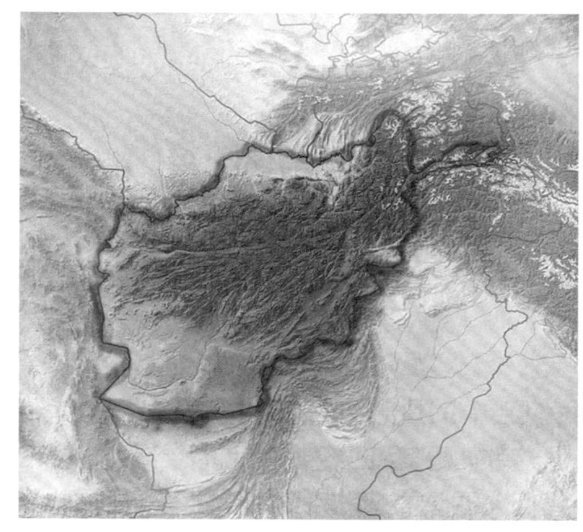

阿米尔的爸爸是日进斗金的地毯商人，地毯业是阿富汗的传统工业，但因为阿富汗多年战乱使得工业基础十分薄弱，因此以手工业和轻工业为主，地毯的切割和清洗设施无法量产，商人们不得不将大量半成品输往巴基斯坦进行产品的处理，再将巴基斯坦的产品售往世界各地。

《追风筝的人》的故事用“风筝”这一个意象串联起来，“斗风筝”是阿富汗的全民性活动，并非某个地方的特色。在阿富汗的街头随处可见售卖风筝和相关器具的店铺，在喀布尔的天空时时都有风筝在空中飞翔。“斗风筝”的大型活动一般集中在冬季，此时冬季风风力强盛，天气干燥无雨，对放风筝十分有利。“斗风筝”用的风筝和我们常见的风筝一般大小，但是与平时休闲的放风筝不同，“斗风筝”主要在斗，他们将玻璃碴粘到风筝线上增强战斗力，目的就是将别人的风筝切断并让其掉落，这种民族风俗可能与其好斗好战的民族性格有关，而民族性格又跟其经历的苦难与战争密切相关。在书中的字里行间，我们伏在宁静安谧的房间里遥望笼罩在四十余年战火中的阿富汗，看阿富汗人民在浓浓硝烟下坚强生活，和平便显得弥足珍贵。

36 落叶归根

是风的追求抑或是树的不挽留，看遍了万物之后，我悄无声息地落入尘埃里。

我最先到达的土层是枯枝落叶层，里面都是跟我一样经历的小伙伴，我们一起畅想当初在高高的枝头吐露着新嫩的绿色。一阵秋风吹拂，我们就被卷入了稀薄的空气里，落入枯枝层的怀抱里。部分分解的有机碎屑层正在向我们侵蚀，试图包裹着我们的躯体。枯枝落叶层和部分分解的有机碎屑层都属于有机层，是我落入泥土中第一个接触的土层，在这里我看到了很多同伴，有一种莫名的熟悉感。

在不经意间，我掉落到了腐殖质层，这里都是黑色的森严和冷酷，让我不寒而栗。这似乎是落叶的“地狱”，让我与这繁华的人间做不舍的诀别。我在这里发酵，似乎存在着某种物质拼命将我瓦解，我奋力挣脱，希望逃脱腐殖质层的桎梏，幸而好运眷顾，我顺利来到了淋溶层。

由于溶解于水的矿物质随水的下渗向下运动，使淋溶层的矿物质淋失，所以颜色较浅，这似乎是地狱向天堂的转变。土壤中可溶性盐类和胶体及细小土粒遭到淋洗，一般淋溶层下部腐殖质含量少，质地较粗。我的身体好像已经被消融，我的精神仍然在闪烁。我能感受到水的滋养，也能感受到土的呼唤。

我随之来到一片红棕色的秘境，这是淀积层，淋溶层土壤流失的物质就在这里沉淀和积累，质地黏重紧实。我觉得周围的空气紧密地让我窒息，我好奇地探索着四周，不由得想起诗句“落红不是无情物，化作春泥更护花”。红棕色的秘境颇像挂在树梢的红花落下后的归宿，它们的生命在落幕后依旧灿烂，在另一个世界里继续发光发热。

我继续往下游走，来到了母质层，这是疏松的风化碎屑物质组成的土层。母质层对于土壤肥力的形成发育有着密切的影响。母质层是形成土壤的物质基础，是土壤的“骨架”，是土壤中植物所需矿质养分的最初来源。母质层中的某些性质，如机械性质、渗透性、矿物组成和化学特性等都直接影响成土过程的速度和方向。这就是孕育肥沃土壤的母胎，有着一种低调而深沉的伟大。

O层	有机残落物层 □枯枝落叶有机物残体		厚度 < 10 cm
A层	淋溶层 □较强度风化 □富含有机质 □颜色深暗		厚度可达 25 cm
B层	淀积层 □中度风化 □颜色较浅		厚度 30 ~ 100 cm
C层	母质层 □弱度风化		深度在 1m 以下
R层	基岩 □未受风化影响		—

我无法再向下流动了，因为母岩层是最坚硬的岩石，封住了我继续探索的脚步。我的旅程贯穿了土壤的每一寸肌理，这是一部地球几十亿年演变发展留下的“石头大书”，与渺小的落叶相比，这是宏大而雄伟的诗篇。

听完这个故事，你是否已掌握土壤各层的特征？

37 一件长袖衣服点燃了我的地理课

秋天的早晨有点凉了，街上的人有的穿短袖，有的穿长袖，而我选择穿一件红黑相间的加厚长袖，快到中午时分，我急匆匆地跑进教室上第五节课。

我走进教室，学生看着我的衣着，笑得格外开心，“老师，你真帅，可谓引领时代的潮流啊。”

学生的笑意让我难以捉摸，他们是笑我穿得太厚吗？还是笑我的衣服搭配太奇特呢？

一股“热气”不由自主地升腾上来，我忍不住发问：“你们班很热啊，是不是开暖气了？今天早上我在别的班上课很凉爽的啊？”

一个平常很内向的男生竟然调侃我说：“那老师您把衣服脱了吧。”

“不能脱了，脱了就见光了”，我有点不好意思地回答道。

“老师，现在是深秋了，昼夜温差大啊，你要备两件衣服，早上穿长袖，中午的时候换短袖。”一位善良的女生提醒我，我顿时感觉还是女生比较体贴人啊。

“为什么深秋时节昼夜温差大呢？”

“云层薄嘛！”又是那个女生争着回答。

“为什么秋天云层薄呢？”

“晴朗天气多啊！”那个女生不由自主地再去“抢答”。

“为什么秋天晴朗天气多呢？”

课堂一下就安静下来，大家鸦雀无声，你看看我、我看看你。

“随太阳直射点向南移，陆地降温快，海洋降温慢。陆地上蒙古—西伯利亚高气压势力逐渐增强，冬季风增强，而冬季风又干又冷；夏季风减弱，来自海洋的水汽减少，所以深秋时节降水少，晴天多，大气中水汽少，云层薄。”地理课代表突然站起来了，打破了课堂上的沉默。

“为什么云层薄，昼夜温差就大呢？”我步步紧逼，决定打破砂锅问到底。

同学们依旧沉默。

“那现在大家讨论 5 分钟吧。”我试图打破课堂上学生被问题困住的僵局。

“老师，我来说吧。”还是刚刚那位善良的女生，善良的人往往是聪明的。

“由于云层薄，白天云层对太阳辐射的削弱作用弱，到达地面的太阳辐射强，白天气温高，一天中最高气温出现在午后两点左右。夜晚，由于云层稀薄，大气逆辐射弱，保温作用弱，夜晚气温低，一天当中最低气温出现在日出前后。昼夜温差大，早晚凉快，中午炎热。所以秋季我们早晚要穿长袖，而中午可以穿短袖。”

“一气呵成，太好了！感谢这位同学的回答”，这位学生回答得实在是太完美了。

我国秋冬季节，晴天多，昼夜温差大，白天升温较快，由于水的蒸发或者植被蒸腾，大气中水汽含量多，夜晚气温降低，空气中能容纳水汽的能力降低。因此，一部分水汽会凝结成为雾。特别在秋冬季节，由于夜长，而且出现无云风小的机会较多，地面散热较夏天更迅速，以致地面温度急剧下降，这样就使得近地面空气中的水汽，容易在后半夜至早晨之间达到饱和而凝结成小水珠，从而形成雾。一般清晨气温最低，便是雾最浓的时刻。所以有“十雾九晴”的说法。诸葛亮在接受周瑜给他的命令时，正处于晴朗少云的秋季，昼夜温差较大，夜间温度下降容易让空气中过度饱和的水汽凝结，长江为大气提供了充足的水汽，风力微弱之时极易出现雾，才得以“借箭”成功。

“早穿棉袄午穿纱，抱着火炉吃西瓜”说的就是新疆的昼夜温差大，与今天的课堂有异曲同工之妙，于是我又开始跟学生聊起来。新疆远离海洋，深居内陆，四周有高山阻隔，海洋气流不易到达，形成明显的温带大陆性气候。日照时间充足，降水量少，气候干燥，一天中温度变化很大。早上温度很低，要穿棉袄，中午温度高，穿得很薄。“新疆的昼夜温差大除了和气候有关外，还和哪些因素有关?”我积极地和同学们互动。同学们也饶有兴致地回答。

新疆地区多沙漠，下垫面多泥土和砂石，白天温度升高较多而夜晚温度又降低较多，这也是新疆昼夜温差大的原因之一。一般来说裸地昼夜温差大于草地，草地大于林地，陆地大于湖泊，早上起来坐石凳子上，感觉很凉，中午坐在石凳子上会很热。

在西北地区，有些葡萄园，在葡萄树下铺些鹅卵石，其主要目的是增大昼夜温差，昼夜温差大的地区，白天温度高，光合作用旺盛，制造的有机物多；夜间温度低，呼

吸作用弱，分解的有机物少，因此植物光合作用积累的有机物多于呼吸作用消耗的有机物，体内积累的有机物增多。所以昼夜温差大的地区的瓜果更甜就是这个原因。

最后，我在课堂上又展示了西藏大妈的服装，笑称西藏大妈的衣服和我今天穿的“不谋而合”。我问同学们：“知道图中的这位仙女来自哪里吗?”同学们异口同声地回答：“西藏”。

“那这件衣服有什么特点呢?”

“看起来很厚，而且好多毛。”底下有好几个学生在笑。

我假装一本正经地说："确实多毛，而且看起来很笨重。"

"老师，我注意到仙女穿衣服，只穿一只袖子。"一个男生说着，就像惊喜。

"那为什么只穿一只袖子呢？"

一个男生抢着说："因为时尚。"

"那你们跑完步很热的时候，也把外套脱下来系在腰上，这也是因为时尚吗？"

同学们若有所思。

一个女孩子站起来回答："老师，我知道了！藏民外出要穿着保暖的藏袍，到中午天热或劳作时，热得受不了，于是袒露右臂或双臂，就像图中那样只穿一只袖子，甚至两只袖子都不穿，围系在腰间。"

我点点头，赞赏道："这位同学回答得很不错。这确实起着调节体温的作用。藏袍腰襟大，白天当衣穿，保温防寒，晚上当铺盖，和衣而眠，可谓一物多用。青藏高原海拔高，空气稀薄，白天大气对太阳辐射的削弱作用弱，气温较高，夜晚大气逆辐射弱，保温作用弱，气温低，昼夜温差大。高原上有句顺口溜——白天穿，夜里盖，光板皮子露在外，不怕风吹日头晒。"

由长袖衣服发散的地理思维点燃了我的课堂，红黑相间的加厚长袖依旧披在我的身上，中午时分身体的热量就像课堂上同学们讨论的热烈气场，身体虽然有被"热气"包围的不适，但心情却格外舒畅。

38 春

春天迈着轻盈的步子如期而至，一切都像刚睡醒了一样，张开了迷离的眼。树梢的小鸟庆贺春天的到来而唱起了赞歌，踩在松软的泥土上，才能感到春天的温床如此安稳。季节老人眷顾春天，让所有沉睡的种子都在这时孕育，给世界的所有生命一种重生的姿态。和煦的春风吹拂着正在融化的小河，“碧玉妆成一树高，万条垂下绿丝绦”，柳树舒展开了嫩绿的枝条。小草悄悄钻出地面，露出了胖胖的小叶儿，像刚刚睡醒的婴儿。家乡的田野又重新恢复了生机，麦田返青，农人播撒着希望的种子，扬起了绿色的波浪。“几处早莺争暖树，谁家新燕啄春泥”，到处都是莺歌燕舞的喜庆，“不知细叶谁裁出，二月春风似剪刀”，燕子拖着剪刀似的尾巴，不舍地回到了北方的家乡。蝴蝶和蜜蜂被花朵的香气吸引，不约而同地飞来跳舞采蜜。

春天慷慨地散布着五彩缤纷，“等闲识得东风面，万紫千红总是春”，花朵争奇斗艳，芍药粉得如霞，月季红得似火，各色花骨朵迎着春风摇曳，害羞地绽放出笑脸如梦似幻，不经意间流泻一首美轮美奂的诗篇。墙角下蜷缩了一个冬天的蔷薇，迎着春风爬上了墙头，用新芽谱写给春天来临的祝福。在春日里，杏花吹满头，成群结队的画眉蹲在枝头，玉兰花如漫天繁星般散开。绿叶苍翠欲滴，向世人展示着娇嫩的身躯。

春天大地复苏，气温回升，导致花开。由于纬度的差异，热量的区别，南北半球各个地方同一种花开的时间是不一样的。靠近赤道的广东地区由于纬度低，温度高，回暖快，植物会先开花，然后随着纬度增加而向北推进，纬度越高，开花越晚。高纬度地区太阳高度角小，获得太阳辐射热量少，气温低；低纬度地区太阳高度角大，获得太阳辐射热量多，气温较高。这就是温度随纬度变化对植物开花的影响。

温度对植物开花的影响首先表现在对花芽的分化方面。对于某些植物来说，一定范围内的低温有促进花芽分化的作用，例如紫罗兰只有通过10℃以下的低温才能完成花芽分化。花芽分化要求的温度与开花需要的温度往往是不一致的，原产热带或亚热带的植物开花所需要的温度较高，如牵牛花、鸡冠花、半枝莲、凤仙花等要求温度在10～16℃最好。许多植被即使是已经形成了花原始体，但如果不能满足它对一定温度的要求，仍然不能开花。北方的许多树种花芽头一年形成，倘若冬天不能满足它对一定低温的要求，翌年就不能开花。不同植物开花需要的低温值和持续时间不同。起源于北方的植物需要的低温值比起源于南方的低，而且持续时间也较长些。此外，温度对花色也有一定影响，其原因是花青素和色素的形成与积累受到温度的控制，温度适宜时，花色艳丽，温度不适宜时，花色则淡而不艳丽。

春天弥漫着花样少女的飘逸风情，涂满了生机蓬勃的鲜艳色彩，吟唱着酒香四溢的瑰丽诗歌。我领略“云霞出海曙，梅柳渡江春”的悠扬，我艳羡“泥融飞燕子，沙暖睡鸳鸯”的祥和，我欣赏“澄江平少岸，幽树晚多花”的清爽，我沉醉“掬水月在手，弄花香满衣”的馥郁。我惬意地在春的悸动里游荡，在花的海洋里遨游。

39 夏

广东夏天的雨，是镌刻在我脑海最深的记忆。

暴雨来临之前的空气异常压抑，像包了层不透气的保鲜膜，把人闷在了巨大的牢笼里。暴雨前空气中含有大量的水汽，空气的平均分子量降低，即空气密度降低，导致气压降低。温度越高，雨天的压降越大。因此，随着含氧量的降低，在夏天暴雨前我总会感到“闷闷不乐”。

乌云遮掩了天空，也遮掩了太阳的光芒。黑色、灰色、白色，层层叠叠的云在轮廓线上勾勒。天空回响着沉闷的雷声，小心翼翼地发出“轰隆隆”的叫声，宣告着雨的盛宴。天空中的云是小水滴和空气中的粉尘组成的，它们的直径要比太阳光的任何

一种颜色的光的波长都要长得多，当云层越来越厚时，小水滴越来越多，几乎连成一片，太阳光和散射的光不能或者很少能穿透云层，这时白云就变成乌云了。

顷刻，狂风吹着暴雨，一道闪电隔着一声响雷，像千百士兵打仗时的怒吼。天空的一道白光，如武士挥舞着一把利剑，把天空劈成了两半。那灰蒙蒙的云撒开了千丝万缕，将天和地缝合在一块儿。“黑云翻墨未遮山，白雨跳珠乱入船。”珠子一般巨大的雨点，砸到了我屋顶，砸到了新装的玻璃上，奏响了一支夏雨交响曲。雷声轰鸣鼓舞，让雨肆意放纵越下越大，越下越猛。没带伞的人即便在街角房檐躲雨也不能“幸免”而半身湿透，雨似乎更加得意，变本加厉地朝人砸去，让人的藏身之地无所遁形。雨在地面上溅起了水花，留下一圈又一圈的涟漪。浩瀚无垠的台风雨从海洋袭来，以排山倒海的气势“征服”城市。道路变成了一条流淌的“河”，汽车变成了“船”，拥挤地等待着疏散。

广东夏天常见的一种降雨类型是台风雨，台风雨是热带海洋上（一般海面气温达到26℃）的热带气旋带来的降雨，通常由异常强大的海洋湿热气团组成。台风经过之处暴雨狂泻，一次可达数百毫米，有时甚至可达1 000毫米以上，极易造成灾害。台风云系有一定规律，尤其在海洋上时，但在台风登陆后，由于地形摩擦作用，就不那么有规律了。台风中有上升气流的整个涡旋区，都有降水存在，但以上升运动最强的云墙区降水量最大，螺旋云带中降水量已经减少，有时也形成暴雨，台风眼区则气流下沉，一般没有降水，呈风和日丽的景象。我国东南沿海是台风登陆的主要地区，台风雨所占比重相当大。

过了一会儿，雨渐渐变小了，留下窗户上蜘蛛网般斑驳的雨点。彩虹在天边悄然探出了头，用七彩的绚烂装饰着雨后的天空，夏天的雨终究在美好中落幕。

40 秋

秋风瑟瑟，吹走了炎夏，代之而来的是秋天的凉爽。早晨，阳光透过窗子洒在地板上，带来阵阵暖意。朝霞也很滋润，镶嵌在苍老的树枝上，澄碧的蓝天上飘着缓缓流云，在秋风中，秋意显得更加优美、深沉。

金黄色的稻田里，几只鸟儿不时徘徊栖息，在这个丰收的季节里，我看到农民质朴的笑容，看到高挂的太阳下那群南飞的大雁，看到那一粒粒快要涨破的果实。自古逢秋悲寂寥，我言秋日胜春朝。在刘禹锡的笔下，我找到了秋的迷人色彩，它给银杏树穿上了金黄色的袍子，给枫树戴上了鲜艳的红冠，它没有褪去松树的青葱，反而使它看起来显得愈加强壮。

秋风习习，琼枝带露，偶尔一丝雾绕，又显出别有一番特别。这雾朦朦胧胧的，白中略灰，白里泛青，浓雾沉睡在青山秀水之间，汲取了山间草木的灵气。这样的雾，白得自然，白得真诚，我真希望抓一把在手中，甚至拥它入怀，把它点染在画纸上，不时地欣赏它。它轻轻敷在微黄的叶片上，洗涤着山川大地，世间万物也似乎受到滋润了，有了洒脱的生命，一起唱出了秋的曲调。

秋天昼夜温差大，一天当中清晨的气温最低，便是雾最浓的时刻。“云是天上的雾，雾是地上的云”，雾是由浮游在空中的小水滴或冰晶组成的水汽凝结物，雾生成在大气的近地面层中，因此应从造成水汽凝结的条件中寻找它的成因。大气中水汽达到饱和的原因不外乎两个：一是由于蒸发，增加了大气中的水汽；二是由于近地面空气受地面低温影响，自身的温度降低。对于雾来说冷却更重要。当空气中有凝结核时，饱和空气如继续有水汽增加或继续冷却，便会发生凝结。凝结的水滴如使水平能见度降低到 1 千米以内时，雾就形成了。雾的持续时间长短，主要和当地气候干湿度有关：一般来说，干旱地区多短雾，多在 1 小时以内消散，潮湿地区则以长雾最多见，可持续 6 小时左右。

落红不是无情物，化作春泥更护花，那三分鹅黄，七分橘绿的落叶，曾几何时默默地陪衬姹紫嫣红的鲜花，默默地托举出厚实的果实。春华秋实之后，也不是生命的终止，而是为了迎接来年的灿烂与辉煌。需让生命的指针暂时沉寂，使叶片呈古色苍茏之概，不单以葱翠争荣。

自古秋乡思，在历史的卷册上，秋成了历代文人抒写心情的时光。我听到了李清照“帘卷西风，人比黄花瘦”的孤独的哀鸣；我看到了马致远“夕阳西下，断肠人在天涯”的落寞思家游子的背影；我领略到了苏轼“但愿人长久，千里共婵娟”的美好祝愿；我瞭望了曹操“秋风萧瑟，洪波涌起”，站在大江边上的豪迈激情。李煜“寂寞梧桐深院锁清秋”的亡国愁绪、李白“长风万里送秋雁，对此可以酣高楼”的饯别不舍都为秋添上了传奇的色彩。

我细细聆听着秋的轻昵，在秋的脚步中寻找生命的奇迹。

41 冬

冬，酝酿着一个银色的梦。枯黄的残叶随着冬风的节拍从枯枝上不舍地飘落，以一只肆意奔放的舞蹈告别与它依恋了一整年的归宿，无奈地落入大地的怀抱，终结了它一生的繁华。

“无意苦争春，一任群芳妒。零落成泥碾作尘，只有香如故。”“俏也不争春，只把春来报。待到山花烂漫时，她在丛中笑。”严寒刺骨的冬季，当所有的花都蜷缩在柔软的温土里等待春风滋养，唯有那点红在凄凉的寒风中悄然盛开。仔细看，原来是那束脉脉含情的红梅在山岭坡间赫然微笑。如亭亭玉立般的少女在狂风的呼啸间也挺拔着身姿，超凡脱俗。它灿若云霞，而又略带羞涩的脸颊，如描似画，柔情似水，让我对它怜惜而又疼爱。

各种植物开花、长叶需要不同的温度，梅花的花芽需要的温度低，所以在严冬开花。蜡梅寿命长，喜光亦略耐阴，较耐寒，耐干旱，忌水湿。蜡梅喜冷，寒潮来时，摆在风口霜地，使它受寒，有利于它吸收营养物质，促使其在冬季绽放美丽的花蕊。走近这位身姿曼妙的美人身旁，一股幽香向我扑来，是那样的淡而纯，深深地吸一口梅花散发出来的幽香，让我以为已结束了冬的萧瑟，春天的脚步已来临。梅让冬添了一种春的活力生机，梅甘于寂寞，妩媚脱俗，它不因没有彩蝶缠绕而失落，亦不为没有蜜蜂追随而沮丧，更不似那癫狂柳絮随风舞，也不学那轻薄桃花逐水流。它不畏冰雪侵袭，不惧霜刀风剑，昂然怒放，独具风采，唯在悬崖百丈冰上，带给人们美的享受。

一提起冬，我的脑海里总会浮现一幅大雪飘飞的唯美画面。成年以后，一直在广东中山工作，很少见到下雪的寒冬。怀念儿时在湖南老家的冬天，细小的冰晶般透亮雪花披着银色的铠甲从天而降，无意落在树梢上，厚厚的软软的，积雪把树枝压弯了腰。冬季气温降低到0℃以下时，空气中的水汽便在云层中凝结成小冰晶。而云层中的冰晶和过冷水滴不断碰撞蒸发，就会形成水蒸气。这些水蒸气在凝结的同时体积逐渐增大，就慢慢变成了雪花。由于雪花是由冰晶增大形成的，而冰晶的分子多为六角形，所以雪花也多是六角形的。我和小伙伴们在雪地里堆雪人，玩得尽兴竟忘了小手被冻得僵了。脸颊红扑扑的，和漫天雪白相称，可谓“白里透红”。

北方的河流在冬季常被寒冷封住，流冰在河流狭窄或浅滩处形成冰坝后，冰块相互之间以及冰块与河岸之间迅速冻结起来，并逆流向上扩展，使整个河面封冻。浩然一席白色席卷了城市，雪色为大地裹上了一层白皑皑的皮衣。

站在户外，轻轻地嘘一口气，一团白雾裹着一份温暖袅袅升空，在半空中伸展，半晌后又汇入了干冷的空气。我总是盼望着春节回老家，看看多年未见的亲人，看看儿时逐雪的冬天，可惜一切的美好只留在记忆里。随着全球变暖，雪只是零零星星地飘散，再也没有厚厚的“雪床”，再也没有和小伙伴嬉戏追逐的热闹。我思绪万千，手捧一杯清茶，看着它徐徐上升而后无声地消失了的白烟，映着冬日的落阳，细细品味着那一份冬的绵意。

42 桂林的“刚硬”

有一地，北宋文豪苏轼绘之“水作青罗带，山如碧玉簪”。南北朝诗人颜延之写之“未若独秀者，峨峨郛邑间”。此地的风光深受众多文人墨客的青睐，其间所留笔墨更是广为流传，那便是广西桂林。如果大家此处猜我是不是要引出那句“桂林山水甲天下，阳朔山水甲桂林”，那便想错了，此次我可不带大家游山玩水，而是要带大家看看桂林“刚硬”的一面。

寒露将至，我那位爱好攀岩的朋友又邀我一同共游桂林，今年想必又是要去挑战另外一座“攀岩圣地”。我对攀岩的了解甚浅，亏得这位朋友每一年都捎带上我，让我见识人的生命中有许多种可能性。想起去年也是差不多这个时候，也许还要迟些，十月中旬吧，那时人们已然从黄金周的美好中醒来，上班的上班，上学的上学，旅游景点慢慢就闲下来了，这正是攀岩的天时地利与人和之时。攀岩爱好者如若是这个时候来，肯定会感叹上一句“这是上帝专门为攀岩爱好者创造的天然攀岩圣地”。

秋风起兮白云飞，去年我和朋友来阳朔，秋意正浓。朋友跟我介绍说：“阳朔以至整个桂林的地貌都属于典型的喀斯特地貌，这里群山峻岭广布却又不是连绵起伏的山脉，一个个独立的山峰拔地而起。这里峭壁林立，满足攀岩条件的山峰不胜枚举，毫不夸张地说，站在阳朔的任何位置朝任意方向望去都能看到可以攀岩的地方。”攀岩运动是从登山运动中衍生出来的一种竞技体育项目，素有“岩壁芭蕾”之称。

阳朔一座座独峰鳞次栉比，每一座独峰都有陡峭的岩壁，岩壁节理发育，节理是地壳上部岩石中最广泛发育的一种断裂构造。岩壁节理可分为原生节理、构造节理以及非构造节理，原生节理是在成岩过程中形成的，例如火成岩冷却收缩形成的柱状节理；构造节理由构造变形而成；非构造节理是由外力作用形成的，如风化作用、山崩或地滑等引起的节理，阳朔山峰的岩壁节理大多属于非构造节理。岩壁在风化作用及外力侵蚀下形成了许多的坑洞、拐点、裂隙等，造就了可供攀岩的条件，且岩壁因为当地明显的流水作用使风化物及时被雨水冲走，其表面十分粗糙且坚硬，因此可以说是天然的攀岩场地。

我问我的朋友为什么总挑10—11月这个时间段来攀岩，他跟我解释道，攀岩适合在气温适宜、天气晴朗的时候开展，阳朔地处24°N、110°E，为亚热带季风气候区，1—2月气温太低，4—5月、7—8月雨水多，10—11月降雨少，气温也不算太低，可以说是最适宜攀岩的时候了。

能够认识这样一位喜爱挑战的朋友实是我荣幸，当哲学家在纸上不断地寻找、论证生命的意义时，有些人已经在攀越、征服一座座山峰的途中找寻到了自己生命的价值。

43 淼淼的旅行故事

故事的主人公叫淼淼，他是一滴水。天空是孕育他的母亲，他生下来就有很多兄弟姐妹，兄弟姐妹们长得各不相同，有些扁扁的、有些长长的、有些像黄豆那么大，有些却如芝麻一般小。淼淼即便此刻认识了他的兄弟姐妹，下一秒兄弟姐妹的样子就会变化——落到房檐上、落到小狗的皮肤上、落到潮湿的泥土里，形状不可估计，可谓"随遇而安"。淼淼不知所措地被"生下来"，并且带到地表上。他好奇地观望着周围的世界，有些激动，又有些不安，他还没做好去旅行的准备，却被不认识的亲戚朋友拉着一起，踏上探索一场未知的征途。

淼淼被推进了山谷，周围蒸腾的植被在猛烈地呼吸。淼淼的身体被河流推着走——峡谷、弯道、瀑布，淼淼兴奋地叫了起来，强大的落差让他仿佛置身游乐园的过山车，一会儿高一会儿低，一会儿急一会儿缓，翻滚、旋转、跳跃，让他的脑袋嗡嗡作响，他急迫地想要回到平原，在缓慢的水流里平复心情。

在山谷之旅，淼淼认识了很多朋友，他们一起享受欢乐、一起尖叫，发出"哗哗"的声音。可是天下没有不散之筵席，在入海口处，他的朋友选择了奔赴海洋，而淼淼仍旧留恋陆地，想要多玩一会儿。有些朋友想回家了，直接通过"蒸发"回到天空母亲的怀抱。淼淼却选择下渗到土地里，他想看看地下的世界是怎么样的。刚一下去，淼淼就有些后悔了，阴暗和潮湿包围了淼淼瘦弱的身躯。在土壤的包裹下，淼淼似乎不能呼吸，土壤大叔在极力吮吸着淼淼的肌体，似乎想淼淼永远留在自己的身边。淼淼奋力挣扎，试图通过补给的方式回到地表径流，找回他奔赴大海的朋友，但无奈逃不出土壤大叔的手心，只能在消融后拖着其他兄弟姐妹的躯体一并随着地下径流缓缓入海。

大海茫茫又是一段崭新的旅程，淼淼想要找回他的朋友，但是估计彼此的样子都变了，相见也不相识了。淼淼有些失落，但很快他又结交到新的朋友，他和朋友们一起唱歌跳舞，激起的浪花朵朵，是他们轻快的舞步。海面闪着银光，一声来自远方亲切的呼喊声似乎是天空妈妈喊淼淼回家。淼淼还没尽兴游玩，新认识的朋友已经迫不及待把他从海底拉到海平面，在阳光伯伯的帮助下，淼淼感觉身体有些轻盈，似乎"被"飘起来了。淼淼越来越感受不到自己的重量，他的视线被一片白色遮盖，他与朋友们一起变幻作虚无缥缈的雾。一开始淼淼有点恐高，但是在风阿姨的助力下，淼淼克服了这种恐惧，他似乎喜欢上了自己轻盈的身段，又是一段不一样的旅程，不一样的心情和体会。淼淼回望自己心心念念的陆地，在高空中看起来原来那么小，自己曾经游历的河流也只是一条弯弯曲曲的弧线罢了。世间的一切似乎被淼淼尽收眼底，白云公公温柔地抱住了淼淼，告诉他很快就能回家，可淼淼似乎对这趟旅程依依不舍。白云公公摸了摸淼淼的头，"如果真的舍不得这趟旅程的话，最后给你一些好玩的吧。"白云公公似乎有"分身术"，一下显出了另一个"自己"，然后慈爱地对淼淼说："想不想去我另一个身体里转转?"淼淼被白云公公神奇的魔术吸引了，"好啊好啊!"淼淼激动地连声答应。白云公公在天上搭了一座桥，淼淼小心翼翼地走着，一边观赏着脚下的风景，不经意间就到了白云公公的"另一半"怀抱里。"好了，快点回家吧！要不是我出这一招，你这爱玩的小屁孩还不愿意回家呢!"淼淼瞪大了眼睛，被卷入了天空母亲的怀抱里。

当淼淼再次清醒过来时，他也不知道自己在哪里了。但是在他的记忆里，这趟地球之旅很有趣。

看完上面的故事，你是否已明白水循环相关知识?

44 从《约客》谈梅雨

宋代赵师秀《约客》写道："黄梅时节家家雨，青草池塘处处蛙。有约不来过夜半，闲敲棋子落灯花。"梅雨时节家家户户都被烟雨笼罩着，长满青草的池塘边上，传来阵阵蛙声。已经过了午夜约好的客人还没有来，我无聊地轻轻敲着棋子，看着灯花一朵一朵落下。第一句当中的"黄梅时节家家雨"，是一道绝妙的地理题目，是古典诗词和地理知识结合的典范。这句诗词的关键就在于“黄梅时节”，江南之地梅子成熟的季节，就叫作黄梅时节。黄梅时节的时候，江南之地的天气大都是阴雨连绵，又被称为梅雨时节。

6月中旬到7月上旬的长江中下游地区总要经历这个“霉人”的梅雨季节。天空蒙纱日日朦胧阴沉，雨水像是没有止境地一直下一直下，所以这边的人都流行着这样一句话：“雨打黄梅头，四十五日无日头”。雨带在这里逗留的这个把月，正是江南梅子成熟的季节。有一天你一醒来，家里的瓷砖都要渗出水来，到处都滑溜溜湿漉漉的，贪玩的小孩儿就把地板当成溜冰场，稍不留神就摔个底儿朝天；枕头和被子似乎都被一层湿雾笼罩，一觉醒来发丝好像也蒙上了一片雾纱变得黏腻；脏衣服洗干净了晾晒，晒毕却更添滋润，放到洗衣机里狠狠甩一番再晾，第二天又重新湿润；还有昨晚没吃完的饼干，今天再打开已经绵得不像话……你说这样的季节怎能叫人不愁上一番？但是，待到出梅之时，植物和土壤都已经悄无声息地汲取水分，天空拨云见日洒下温热的光点，将每个角落的霉斑都灼烧殆尽，此时此刻，人们便会更加珍惜他们阔别已久的明朗日子。

长江中下游地区的梅雨是北上的暖气团与陆地上的残余的冷气团相遇，两股气团势均力敌，“你不让我，我不让你”，形成江淮准静止锋面，盘踞在长江中下游地区，导致该地区长时间阴雨连绵。此时段几乎每天都下雨，天气潮湿，家里的物件容易发霉，又恰逢梅子成熟的季节，所以称为“梅雨”或“霉雨”。同样，“清明时节雨纷纷，路上行人欲断魂”是受华南准静止锋影响而成。贵阳的冬天“天无三日晴”是受昆明准静止锋影响。来自西伯利亚和北大西洋的不太强的冷气团进入准噶尔盆地后，被天山阻挡，使冷锋停滞不前，常形成天山准静止锋，造成阴雨或微雪天气。天山北坡和北疆大部分地区冬、春降水较多就与天山准静止锋活动有关。

 45 色彩斑斓的大堡礁不复存在了吗

大堡礁横亘于澳大利亚的东北部海岸，在昆士兰沿岸绵延2 300余千米，面积达34.4万平方千米，是世界上最大的珊瑚礁群。珊瑚礁，是由若干珊瑚遗体堆积而成，而珊瑚生活在热带海洋，对海水的水质要求高，所以珊瑚礁是热带海域的独有风光。其清澈透明的海水堪称一绝，坐在透明的玻璃船上可以看见海洋里自由自在绽放的珊瑚礁比花开更艳。活泼可爱的各色海洋动物在色彩斑斓中穿梭，势要与珊瑚礁比美。

探秘遗落在深海一角的恬静，还能遇见翩翩起舞的神仙鱼，遇到那数道红白相间

的俏皮小丑鱼，遇到海葵妖娆地身姿随水波摇曳。大堡礁的冬季是每年的七八月，陆上温差较大，平均温度为6～17℃，但水温却依然温暖如春，冬日平均水温为24℃。四季如春的大堡礁，在海底画了一幅生机勃勃的水彩画。

大堡礁是由2 900多个单独的珊瑚礁、大约940个岛屿和砂礁组成，这里生活着359种硬质珊瑚和占世界三分之一数量的软质珊瑚。它们不争不抢，和平宁静地住在大堡礁这个世外桃源里。除了大量珊瑚礁愿意栖息在这人杰地灵的美丽海底之外，上千种鱼类、数千种不同的蠕虫和甲壳类动物以及几十种鲸鱼、海豚也都愿意在这里驻足停留。它们和谐共生，珊瑚礁成了成千上万的海洋动物的游乐园，珊瑚礁无私地提供给海洋生物庇护场所和产卵场地。

时过境迁，这种祥和被海洋污染的持续积累而打破。过量的海洋生物被打捞，成为人类餐盘中果腹之物；大量的珊瑚礁褪去了原来缤纷的色彩，披上白衣祭奠着海洋被污染侵蚀的现状。

珊瑚的生长要靠珊瑚礁组织中生活着的大量共生藻类，这些藻类为珊瑚提供了养分，还让珊瑚呈现出不同色彩。多数珊瑚体本身是透明的，当含有色素的共生藻（虫黄藻）进入珊瑚后，珊瑚组织便会呈现出五颜六色的珊瑚群聚。珊瑚与藻的共生和光合作用是珊瑚礁生存的必要条件，而由于共生藻的生长对水质、气温有特殊要求（海水温度适宜，且需要一定的盐度，以及充分的阳光进行光合作用），海水水质的下降会让共生藻从珊瑚中释放出来，导致珊瑚白化。随着温室气体排放的增加，海洋也从大气中吸收了越来越多的二氧化碳，导致海水温度升高、酸度上升。过多的工业污水排放则加剧了水体的富营养化，恶化水质。这种情况下，珊瑚体内共生的虫黄藻便会排出，此时色素蛋白被破坏，珊瑚呈现出类似白色碳酸钙骨骼形态。

大堡礁中的珊瑚礁可以吸收海浪和风暴潮的力量，作为一种天然屏障来确保沿海居民的安全。珊瑚礁的存在，不仅是视觉美的享受，更可以让人类免于高成本的海堤建造，也可维护自然生态的平衡。珊瑚礁的“白化”也在警示着海洋生态的失衡。色彩斑斓的大堡礁真的不复存在了吗？我想也未必，只要人类肯把环保工作落实，光怪陆离的海底世界又能恢复五彩缤纷的活力，又能书写海洋至善至美的诗篇。

46 波斯湾的石油

炽热的阳光烘烤着广阔的沙漠，公路两旁沙漠中的油田里遍布着将石油从地下引到地面上的粗管道，气体在出口处燃放，点燃了一个个小火炬。单峰野骆驼在悠游自在地行走，它们慵懒地站着，不时低下头取食沙漠地里的植物。骆驼最喜欢树叶、干草和盐，这为骆驼负重远行提供了源源不绝的能量。带刺和毛、有强烈气味和盐碱重的植物，如白刺和沙蒿是骆驼为之向往的“美味佳肴”。骆驼在采食时会边吃边选，不会急着把一株或几株植物全部食光，而是浅尝辄止，留给植物充分的再生机会，以便以后再次满足自己的口腹之欲。

浓郁的阿拉伯风情随着繁荣的贸易和丰富的石油资源流向了世界各地。波斯湾镶嵌在地中海和阿拉伯海之间。汽车在灼热的沙漠公路前行，没有网络信号，似乎与外界断隔了联系。在沙漠中央被热气腾腾包围，黄沙漫漫一望无际，连绵的小土丘随着风沙起舞。这在广袤的沙地，“工业血液”在悄悄流动。这里石油资源极其丰富，共有油气田 1 841 个，石油探明剩余可采储量占世界剩余可采储量的 47. 6% ，天然气探明剩余可采储量占全球的 40. 9% ，是全球最大的油气富集区。难以想象大漠苍凉的沙地下是无穷无尽的自然资源。

在三叠纪白垩纪时期，西亚地区原来是特提斯海（即古地中海）的一部分，后来随着地壳运动，阿拉伯板块向北与亚欧板块发生碰撞，特提斯海逐渐消失，保留下来一块大陆架浅海区，就是现在的波斯湾。波斯湾拥有稳定的沉积环境，生油、储油、运聚、保存的条件都极其理想。第四纪以前，波斯湾地区气候温暖，被子植物和裸子植物繁盛，浅海浮游生物繁殖快，动物种类多，积攒了大量的有机沉积物，形成“有机淤泥”，经过长期隔绝空气，又受到地层深处的温度、压力的作用，厌氧细菌便把有机质转化成了石油和天然气。

根据大陆漂移学说，波斯湾地区属于一片古老台地，处于红海断裂带上，以升降运动为主，褶皱平缓。升降运动形成了4 000～12 000米的巨厚沉积层。平缓的褶皱现象形成了一系列巨大的背斜（即储油构造），像一个“大盆”把汇集的油气贮存起来，从而形成了石油和天然气的富集通道、大仓库。

“蒸汽时代”后，人类进入了化石能源时代。人类通过“蒸汽机”将煤和石油转化为可以远距离输送的能量——“电”和其他工业能源。波斯湾石油多以经济价值较高的中、轻质油为主，便于石油精炼；流淌的“工业血液”极大地影响了当今世界经济、政治及军事等各方面形势。为了抢占石油这一重要资源，波斯湾地区成了世界上最动荡的地区之一。正如美国战略家、前国务卿基辛格所说：“谁控制了石油，就控制了所有国家。”美国前副总统切尼在参议院军事委员会作证时说：“谁控制了波斯湾石油的流量，谁就有了对世界其他大多数国家的经济的钳制力。”世界油阀将为谁而打开，“工业血液”的命脉又将何去何从？未来，将给予我们答案。

47 吊脚楼为什么要“吊”起来

木门、木墙、木柱，不用一钉一铆就可以把吊脚楼镶嵌在斜坡陡坎之中。坐落在云贵高原的吊脚楼为什么要选择“吊”起来？原来是当地地形崎岖、平地少，为了减少占用耕地资源，只能被迫在山坡上修筑吊脚楼。木楼通常分为上下两层，楼上防潮通风，通常是人的居所。赤脚走在木地板上，充分感受山间之清凉，从脚而起，贯透至全身。南方为亚热带季风气候，天气湿热，降水季节变化大，山间小盆地易形成洪涝灾害，把建筑“吊”在山坡上，可以减少洪水的威胁。

吊脚楼架空的低层可以加强自然通风、减轻潮湿，同时也可以防止虫害的侵袭。大的屋檐则是满足遮阳的需要。屋顶三角挺立，以便雨水更好地滑落，不停留在这小小的木屋上。下层是用来养牲口的，有时也会存放农具和杂物。分层次有序变换的吊脚楼显示出灵巧多变的均匀美，掩映在西南小镇的绿树和青山中，充满了诗情画意。

夏天屋内是纳凉的好地方，冬天在屋子中间用木炭作燃料构筑一个“火塘”。用砖块和铁板垫底，上方勾着熏黄冒油的腊肉，一家人围坐在一起取暖，互相唱着山歌。

走廊里靠背栏杆正如美人一样娇贵地伫立，迎着习习凉风极目眺望，愉悦地观星赏月，村寨风光尽收眼底。

“天人合一”的建筑观是吊脚楼建筑的理念，袅袅炊烟随雾上，林木幽深若隐若现，周遭环境浑然天成般和谐。吊脚楼凝固了当地人们生活历程的史诗，积淀了精湛的建筑艺术，传达了少数民族的审美趣味。让人沉醉的古朴典雅，高山流水下的万家灯火。重峦叠嶂的群山环抱着、蜿蜒流淌的河水呵护着、金碧辉煌的阳光点缀着，木壁青瓦的吊脚楼极力延伸自己的姿态，在漫山遍野中盛放。

48 湖南人：辣伢子从小不怕辣

“辣妹子从小辣不怕，辣妹子长大不怕辣，辣妹子嫁人怕不辣”，老家在湖南的我一听到这些熟悉的歌词就不由自主地哼唱，虽然我不是“妹子”，但我作为湖南伢子，对辣椒有一种天然的兴奋。即便来广东多年，仍然忘不掉家乡挂在屋檐晾晒的一串串红辣椒。

我喜欢辣椒放入口中的刺激，凶猛地扎着舌头，像火一般烧灼，已经不能区分痛的根源。辣椒素的麻混杂着进入嘴里的滚烫，从口腔刺激最敏感的神经元，让大脑进入高速兴奋的状态，释放出天然的快感。广东“清淡”的饮食不能让我饱尝食物的劲道。平淡如流水的“佳肴”让最初刚来广东读大学的我好不适应，作为一个湖南人，我始终觉得菜式“无味便无情”。每次吃饭，我必然要在饭菜上喷点从老家带来的红红的辣椒粉。呛鼻的气味顿时让整栋宿舍楼的喷嚏声此起彼伏，好像奏起了多重乐曲。旁边大胆的同学，瞪着灯笼一样大的眼睛好奇地看着我。顿时，我感觉自己那种豪迈的英雄气概喷薄而出。我常常怀念家乡滚烫油锅里漂浮的“片片红”，与广东的“平淡无味”相比，这才是我心中真正的“舌尖上的美食”。

湖南老家的“辣”不同寻常。四川的辣，辣在麻辣烫、串串和火锅，其实四川是以麻为主，四川菜花椒多。湖南的辣，在生活的各个方面——清粥里面放辣椒、清水面里放辣椒、包子里面包着红彤彤的炸辣椒，等等，只有你想不到，没有湖南人的“辣”不到。老家人坚信一定要来点辣椒才够味，哪怕是海参鲍鱼佛跳墙，一样要配着辣椒，不然不好吃。老家人最爱把干辣椒磨成粉，放一点香油，掺在一碗香喷喷的白米饭中，辣的美味估计只有我们自己才知道。

老家人爱吃辣，与地域的气候和习俗有关。湖南老家夏季气温较高，天气湿热。冬季气流灌入后，天气冷湿。老家地形多为山地丘陵，地理环境自古就是多雨潮湿，而辣椒就有御寒祛风湿的作用，长期生活在这里的人最需要去湿、生津开胃，这样才能更好地抵御风寒。老家人爱吃辣椒，最主要还是因为辣椒这种充满刺激性的食物可以提神去湿。湖南主要种植水稻，终年以米饭为主食，吃辣椒能够开胃，直接刺激唾液分泌，提振食欲。一道色香味俱全的剁椒鱼头，用人间的烟火慢慢熬掉岁月的浮夸，用辣椒这种最信赖的调料把最原汁原味的精华呈现出来，这是老家人关于味道的哲学。

湖南老家独特的地理位置形成的气候条件十分适合辣椒的生长成熟。辣椒适宜的温度在15～34℃之间，喜欢阳光充足的环境。辣椒的种子发芽适宜温度为25～30℃，发芽需要5～7天。辣椒生长的土壤要松，中性或微酸性的土壤最好。辣椒苗期要求温度较高，幼苗不耐低温，要注意防寒。辣椒对水分条件要求严格，它既不耐旱也不耐涝，喜欢比较干爽的空气条件，这些满足辣椒生长的条件湖南都不谋而合，辣椒有什么理由不在湖南“生根发芽”?

其实辣椒是“舶来品”，它的原产地不在中国。大概在明朝中后期的时候，辣椒开始从海上传入江浙一带，由于江浙一带自古才子较多，辣椒刚传入的时候他们把辣椒种植在盆栽里，是用来观赏的。等到辣椒花盛开时，邀请亲朋好友来赏花，吟诗作赋非常热闹。而后流传到湖南一带，湖南人可没那么有“雅兴”，“民以食为先”，他们豪迈地把辣椒搬入厨房，自此就和辣椒结下了不解之缘。

毛主席曾这样说过：“敢吃这种辣椒，世界上便再没有不敢做的事。当年起来革命的红军，没有不吃辣子的。”老家人豪爽而“泼辣”，没有半点江浙人的婉约，“直肠直肚”，说话从不拐弯抹角，跟湖南人相处不需要猜忌，那叫一个舒坦。家乡的味道就是辣伢子从小不怕辣，越辣心越欢。

49 土耳其戴帽子的“烟囱”

据传三国时期，诸葛孔明被司马懿围截困于阳平，兵临城下，城墙四面可谓是围得密不透风。孔明算准风向，制作出一种可以漂浮起来的纸灯笼，将求救信息系于其上，顷刻援兵便匆匆赶来，于是后世就把这种灯笼称为“天灯”或“孔明灯”，后来这种孔明灯常常被用于传递军事信号，人们都说这是热气球最早的原型。想到热气球，我们似乎总是将其与浪漫和奇幻冒险建立起不可言喻的联系，或在晴空碧霄上随风而动，化身天地一沙鸥；或在晨曦初照时拨开云纱，俯瞰层岩叠嶂；抑或是迎着落日余晖，尽赏华灯初上。

能够无死角地看到地面全貌的热气球之旅对于所有没有恐高症的旅行者来说无疑是要在旅行清单里打钩的一项。一场热气球之旅能否值回票价，除了本身独特的搭乘体验之外，还取决于映入眼帘的是无边风月还是一片荒原。我常将在热气球上俯瞰的大地比作大自然的天然巨幕电影院，放映的“影片”不同，观看体验也自然不同，要说哪里可以提供“国际大片”，我想没有人会反驳这一个回答——土耳其的卡帕多西亚。

卡帕多西亚位于土耳其中部偏东南的安纳托利亚高原，世界上独一无二的犹如月球表面的诡异地貌就存在于此。数百万年前的卡帕多西亚有活火山坐镇南面，岩浆以及火山灰冷却凝固后形成一层厚厚的凝灰岩，这种凝灰岩的特性类似于石灰岩，由于长期的外力作用——阳光暴晒和风雪流水的侵蚀，形成了形态各异的石柱和峡岭沟壑，一些圆锥形岩石的顶端还戴了一顶玄武岩“帽子”。当地人将石柱掏空，在岩壁上开凿窗户，洞穴顶上涂上彩绘，地面铺上地砖，利用天然的建筑材料让一座座石柱摇身变为“烟囱客栈”。有地理爱好者可能还会发现这些“烟囱客栈”和我国陕西窑洞的相似性。

来到这里的游客看到此情此景不免发问：为什么每一个“烟囱”都戴了一顶“帽子”？难不成是当地人为了好看而辛苦搬上去的？其实，这是大自然的“把戏”。卡帕多西亚的气候类型为温带大陆性气候，昼夜温差大，岩石的风化作用强。活火山的岩浆喷涌而出，待到冷却之时和火山灰一起凝固形成凝灰岩，这种岩石形成的岩层质地疏松可溶性比较强，较为疏松的部分受到长期的风化、水蚀作用而被剥蚀，而较为坚硬的部分就留了下来形成一座座石柱。凝灰岩顶上的玄武岩质地坚硬不容易被侵蚀，所以它的头上就好像戴了一顶深颜色的帽子。

由于这种降水少、天气晴朗的气候以及不便于陆路交通的崎岖沟壑地貌，卡帕多西亚被认为是“最适合乘坐热气球的地方”，因此卡帕多西亚的热气球产业也已经处于非常成熟的状态，属于“完全竞争”市场，甚至不需要提前预订热气球，到达当地可随处购买。在云雾缥缈的上空，“戴帽子的烟囱”的奇诡造型尽收眼底，无论从哪里眺望都有层层叠叠的石柱与连绵不绝的远山。热气球的舵手，时而顺着陡峭的岩壁上升，时而飞入峡谷中去，有时你似乎可以惊险地触碰到这一片石林的岩壁。回归地面之时，你便会长舒一口气并且在心中感慨一句：果真不虚此行。

50 让我们策马奔腾在内蒙古的草原

"天苍苍，野茫茫，风吹草低见牛羊。"来到内蒙古高原，被苍翠欲滴的青草包围。碧蓝的天空下，白色的蒙古包异常耀眼，从远处看像不安分躲在草里、极力生长的白蘑菇。红门朱瓦蓝绣花，三种和谐的色调混杂在一起，让镶嵌在草原上的蒙古包并不显得突兀。从东端呼伦贝尔草原至阴山河套平原一带，夏、春、秋几乎相连，5—9月气候温和，是赏草的最佳季节。

内蒙古草原是我国最大的天然牧场。内蒙古高原西部气候干燥，大部分为沙漠和戈壁，植物比较稀疏，草场也较零散，有不少草滩分布在沙丘间的湖盆之中。内蒙古绝大部分地区多年平均降水量少于400毫米，大部分地区属于温带大陆性气候，由于深居内陆，远离海洋，所以降水较少。由西向东，随着降水量的逐渐增多，牧草也长得越来越好。但是草原里却长不了树，因为草原上的气候比森林适宜生长的气候干旱得多，这样的气候不太适合树木生长，毕竟树根扎得都很深。再加上草原降雨量比较少，所以根本无法渗透到树根的位置，草类就不同了，它们扎根相对并不深，而且在生长速度上也很快，哪怕雨水不充足也没关系。

对于古老的游牧民族来说，草原就是他们的家。骏马在广袤无垠的草场里奔腾，

汉子挥舞着手中的鞭子，雄性荷尔蒙席卷而来。套马杆的力量还在苍穹里回荡，高山积雪融水和地下水滋养着内蒙古的广袤草地，驰骋草原、弯弓射箭是草原汉子与生俱来的本领，一碗热腾腾的羊肉汤就是打猎归来最好的奖赏。用马奶熬制的奶酒同样是蒙古汉子的最爱，混杂着豪爽与酣畅。

我国牧区主要分布在北方半干旱、干旱地区。由于地广人稀、地势平坦，三河马、三河牛随处可见，牧场资源丰富，所以在内蒙古传统畜牧业基础良好。近代化畜牧业的发展更多依靠科技，综合企业链较为成熟，对少数民族的政策扶持导致了畜牧业发展的沃土更加优良。

草原披上了日暮降临的秀丽，天边的云朵吐着火焰一般的鲜红，忽而想起琼瑶电视剧里的歌词“让我们红尘做伴，活得潇潇洒洒，策马奔腾，共享人世繁华”。在内蒙古的大草原上，伴着如此醉人的晚霞，在草甸里徜徉，一望无尽的视野让人感慨岁月葱茏。心中不自觉回荡着草原汉子策马奔腾的豪迈，似乎自己已在马座上，随着理想一同向辽阔而深邃的远方涌动。

51 霜打的白菜更甜？

初来广东的那几年，我总爱去菜市场买菜，看到翠绿欲滴的白菜我总忍不住买上几颗。回家一灼，平淡清寡的口味确实让我大失所望，涩味悄悄地涌现，让我对家乡白菜的渴望又多了几分。

在湖南老家，冬天最喜欢的蔬菜就数白菜了。漫天飞雪来临之际，老家人都在抢收大白菜，就盼着冰天雪地的时候可以把白菜拿出来吃，一家老小其乐融融。老家还有一句老话说："霜打的蔬菜分外甜"，老一辈的人都这么说。偶尔翻阅闲书，看到白居易的这首白菜诗，"浓霜打白菜，霜威空自严。不见菜心死，翻教菜心甜。"平淡的白描却更显淳朴和恬静，我似乎能隔着霜闻到白菜香甜的味道。

那什么是打霜呢？为什么白菜要在"霜打"之后才甜呢？打霜，意思就是霜降之后，气温进一步降低，一般出现在晴朗的夜晚，地面的水汽因为气温低遇冷以后直接凝结成了一层薄薄的白色晶体，也就是霜。到了这个时候，很多蔬菜都已经收获完毕，接下来还能收获的，都是非常耐寒的蔬菜。白菜正是耐寒蔬菜的一种。当白菜面对寒冷的霜冻时，出现“变甜”的“防御措施”，其实是白菜应对寒冷的抵御“攻略”。经过几次霜打以后的白菜，甜味会更加明显，而变甜的秘密就在白菜含有的淀粉里。白菜含有淀粉，当光合作用足够强的时候，这些淀粉隐藏在白菜叶片中，淀粉本来是不甜的，但是当光合作用不那么强的时候，温度降低，白菜中白天形成的淀粉，会因为“淀粉酶”的作用，转化为“麦芽糖酶”，麦芽糖在转化下，又变成了葡萄糖。湖南老家处于广东以北地区，冬天形成的“霜”就是给白菜增甜的“助燃剂”。广东因为纬度较低，冬天蔬菜被霜覆盖的机会较少，白菜相对“寡淡”也是正常之事。

除了白菜，还有很多蔬菜经过霜的“拥抱”，都会变得更甜更好吃。比如白萝卜、菠菜等蔬菜，它们在霜的覆盖下会把淀粉转化为葡萄糖，吃起来会有一股独特的甜味，这是我朝思暮想的味道。如果有机会，请到我的老家湖南去，我准备好霜“打”的“蔬菜宴”，让你一饱口福。

52 黄河之水为何“黄”

泥沙翻滚着汹涌在黄河之巅吟唱一首巍峨的奔腾之曲，以冲破山谷的豪情横亘在中华大地上，在天水相接之处浩浩荡荡地述说着磅礴的故事。这条承载着华夏古老文明的母亲河，正以千军万马的咆哮回应着一泻千里的愤慨。来到黄河边上，才懂得

“黄河落天走东海，万里写入胸怀间”的气魄，才懂得“黄河万里触山动，盘涡毂转秦地雷”的迅猛，才懂得“九曲黄河万里沙，浪淘风簸自天涯”的恢宏。

在我的记忆里，黄河有着钢铁一般的意志，代表着中华儿女的骨气。徜徉在黄土高坡上，吸进了天地之灵气，收纳着百川之精华，汇聚了千沙之雄伟，以激昂的身躯洗刷着千年的风雨。见证了峭山争霸、巨鹿决胜，以人民之名谱写历史的丹青。

像一条腾飞的巨龙，我们的母亲河从青藏高原越过青、甘两省的崇山峻岭，横跨宁夏、内蒙古的河套平原，奔腾于晋、陕之间的高山深谷之中，西岳华山脚下调头东去，横穿华北平原，急奔渤海之滨。巨龙飞跃了 9 个省、区，汇集了 40 多条主要支流和 1 000 多条溪川，行程 5 464 千米，流域面积达 75 万多平方千米。黄河正在拼尽全力用它“蜡黄”的乳汁哺乳着顽强拼搏的中华儿女，用伤痕累累的脊梁挺起了国家的安全。母亲河从不炫耀自己的壮举，在九曲连环的呼啸里默默前行，在蜿蜒的尽头卷着漩涡流淌。

君不见黄河之水天上来，奔流到海不复回。黄河之水并非“生”来就是黄色，黄河水源自高山之巅，本是清澈无比之雪水，只因黄河博爱，滋养西北贫瘠的土地，不惜“染黄”自己。西北地区的沙尘被强劲的季风刮向东部，又被高耸的太行山脉拦截。落下的尘土日积月累，厚度达到几十米甚至上千米，最终形成了黄土高原。由于西北地区的干燥环境，使得这些黄土在沉积时，相对较为疏松，内部孔隙较多。当这种土壤受水浸湿后，内部结构容易被破坏，从而产生较大的沉陷，让黄沙轻而易举落入流经的河流里。

从阿房宫的大兴土木开始，黄土高原植被遭受严重破坏，因缺乏植被保护，加之夏季雨水集中且多暴雨形式，强烈的流水侵蚀作用，依次造成了特殊的黄土沟谷地形：黄土塬、黄土墚和黄土峁等地貌，造成了黄土高原千沟万壑、支离破碎的地形特点。黄土高原位于黄河中游，伟大的母亲河在滋养黄土高原时，把大量疏松的泥沙带走，成为名副其实黄色的河。

母亲河“一碗水半碗沙”正是其博爱的最强体现。大量的泥沙堆积造就了下游三角洲的繁茂，黄河三角洲正在以惊人的速度向海洋延伸。从黄土高原剥落的泥沙在一定程度上给黄河中下游地区带来肥沃的土壤。在祖国工程人员有效治理下，黄土高原已不是黄沙漫漫的干瘪之地，而是被郁郁青青的植被覆盖。南方人总是想象着母亲河黄土成堆、黄沙乱飞，殊不知黄河已经“痛改前非”，如今被高粱、玉米、苹果等种植业心满意足地覆盖。在各方的有效治理下，黄河的含沙量已大为减少，相对也更加清澈。

黄河灌溉着华夏文明的第一颗稻谷，记录着英雄儿女的每一场奋斗，直至站在壶口之巅，黄沙之气席卷，我才明白波澜壮阔的含义。带着古人的祝福，让记忆随着河水奔涌，载着弥足珍贵的人与事到那看不见的远方。

53 长江之歌

大江东去，浪淘尽，千古风流人物。伫立群山之巅，眺望长江之态，碧绿的长江总是留给我温柔的记忆。自唐古拉山脉源起，通天河的故事便于长江不谋而合，岷江、沱江、赤水河、嘉陵江、乌江、湘江，江水各具特色，卷着旋儿打着转儿，在浪花的簇拥下摇头晃脑，嬉戏着流向远方。

长江由河源到河口横跨中国地形上的三级巨大阶梯，穿过不同的地质构造和岩层，沿途接纳支流的汇入。上游河段自由自在藏身于青藏高原腹地，高原顶部河谷开阔，河槽一般宽浅，河道蜿蜒曲折，水流缓慢散乱、岔流横飞。继而地形突变，山高谷深，河流穿行于峡谷之中，强大的“过山车”体验让河水湍急，飞驰而下，泛起层层白雾，飞流瀑布无意间孕育着清荣峻茂的植被。由于巨大的落差，长江流域水能资源丰富，有“水能宝库”之称。水能资源理论蕴藏量占全国的40%，可利用水能资源占全国的一半以上。

顺流而下，七岳、巫山和黄陵三个背斜、两个向斜，形成举世闻名的长江三峡，即瞿塘峡、巫峡、西陵峡。“巴东三峡巫峡长，猿鸣三声泪沾裳”我能听到两岸猿啼之声，哀转久绝的凄异，颇有林寒涧肃的氛围。长江三峡水利枢纽是一个特大型水利枢纽工程，具有防洪、发电、航运、水产养殖、供水、灌溉和旅游等综合利用效益。江

水一泻千里，用震耳欲聋的涛声展示着威风凛然。江面咆哮起来，在无坚不摧的奋勇下乘胜追击，让浪花在翻滚中升腾着，俯瞰着人世间变幻着的沧海桑田。

山随平野尽，江入大荒流。长江告别了汹涌澎湃的三峡，来到了江面展宽，水流缓慢、河道弯曲的中下游平原。下荆江河弯发育，深邃的云梦泽是泥沙的容器，河流只能被迫在沉积和冲刷中构造自己弯曲的生存之路，泥沙肆无忌惮地在一望无垠的平原上堆砌、扭动。河流的水动力造就了河流的凹岸，在侵蚀、崩坍、后退、堆砌、淤积的多重“折磨”下，河曲越来越弯、曲瓶越来越窄，在日积月累的消磨下塑造了“九曲回肠”的景观。

长江中下游河道弯曲，两岸有众多湖泊，江湖相通，构成庞大的洞庭湖和鄱阳湖两大水系。八月湖水平，涵虚混太清，在薄雾冥冥中颇具衔远山、吞长江之貌。我忽而被古人的豪情环绕，感慨着“吴楚东南坼，乾坤日夜浮”，又沉浸在“遥望洞庭山水翠，白银盘里一青螺”的绝妙之喻，我的心随长江共悠悠。

江内鱼类资源丰富，渔业得到广泛发展。在中国的河流中可找到多达500 种鱼类，其中多数栖息在长江及其支流。

长江是中国东西向交通的大动脉，自古以来就享有“黄金水道”的盛誉，货运量占全国内河货运量的60%左右。长江是海路的延续，将内陆和沿海的港口与其他主要城市连成一个运输网。进入 21 世纪，长江航运迅猛发展。随着长江三峡水利枢纽的正式完工，5 000 吨级船舶和万吨级船队可全年通行，交通便利惠及千家万户。长江沿江地带还对区域经济发展具有强大的辐射和带动作用，四个特大城市重庆、武汉、南京、上海都因长江而繁荣发展。

在典籍里找到长江的前世，在我的脚印下读懂长江的今生。巨浪荡涤着尘埃，涛声回荡在天外，长江向未来奔去，谱写新时代的赞歌。

人文地理篇

01 我不想婚，也不想生

每逢佳节婚庆，丽任总能成为餐桌上亲戚们打开话匣子的话题人物。碗筷摩肩接踵地碰撞出一曲交响乐，亲戚们的话语也是紧锣密鼓地向她逼近。“你多大啦？怎么还没有男朋友？”“孩子的婚事啊，就是我老两口的心事啊，一天不结婚，心头就有一块石头悬着没个准数。”“宝宝来，这是你姑姑，快让姑姑生个小宝宝陪你一起玩！”像丽任这种都市青年人一遇到这样有逼迫性的问题，大概就只能得到一个动词：逃离。

丽任，人如其名，穿梭在茫茫人海中你一眼就能认出她，相貌出众的职场女精英。正所谓女人三十而立，丽任凭着自己的能力慢慢在深圳扎稳脚跟，吃穿不愁，房车两全。丽任研究生毕业后就被一家大公司相中，经年累月的努力以及工作能力得到了领导的赏识而步步升职。丽任逢年过节都会回家里看一看，她深知自己被生她养她的双亲挂念着，自己也该尽一份孝心。家里的父母以女为荣，每次丽任回来都带了很多吃的喝的穿的用的，但是年岁渐长，终不见丽任带一个女婿回来。每次回去，丽任也注意到父母总要看看门外是否还有客人，可每次都是瞧了瞧然后露出一副略微失望的神情。

在深圳，像丽任一样的单身男女数不胜数，周一到周末他们奔波的身影在偌大的城市密林间穿梭，每逢周末或者假期就来一场说走就走的旅行，逃离城市的喧嚣，过几天清净的日子。他们都对这种无牵无挂的生活习以为常。在他们心目中，婚姻似乎就成了一把禁锢自由的枷锁……所以在大城市，年轻人们还不想结婚、不想生孩子，这种普遍的观念导致每日平均出生人数逐步降低，人口的自然增长率也就很低。而大城市的人口增长主要靠机械增长，深圳这样的城市对外来人口的吸引力很强，优越的城市环境、良好的就业机会、便利的基础设施等吸引了很多“新鲜血液”注入这一座充满活力的城市。纵观全国生育大数据，自然增长率长期处于低水平状态，尤其是一二线城市的人口自然增长率更低。又因为医疗水平和生活水平稳步提升，老年人口的比例逐渐攀高，中国面临着逐步严重的人口老龄化现象，可谓“未富先老”，整个社会的负担都会加重。

过去四十年，中国依赖人口红利经济水平高速发展，而如今人口红利逐渐消失，劳动力比重逐渐降低，且随着经济水平的提升，劳动力成本上升，很多劳动力密集型企业难以招到合适的工人，出现了“民工荒”现象。发达地区则面临产业升级的问题，而产业升级需要更多地引进和培养高新技术人才而非更多的普通劳动力。这是我们国家不得不面对的社会问题，也是我们国家亟须解决的问题。

面对我国日益严重的人口老龄化问题，你知道我国现今的人口政策是怎样的吗？

02 城市也会“生病”

汽车轰鸣声响彻了城市的上空，熙熙攘攘的车辆就挤在停滞不前的“车流”里，就如被冰封的水流。地铁也不能幸免，一旦在上下班时间，整个车厢就会“超负荷”，

人与人之间就像摆在餐碟上的沙丁鱼，被“拥挤”包围得不能动弹。在大城市里习以为常的交通拥堵刺激着我的神经，让我的每个细胞都抗拒在大城市生活。当“拥挤”成了常态，城市的弊病就不由自主地显现了。

珠江三角洲经济发达、劳动力需求量大，外地来的务工人员非常多，拥挤让人与人之间的地理距离变小，但心的距离却变得越来越大。住房紧张这一城市“通病”让邻居之间的矛盾越来越大，在一线城市还形成了独具特色的“城中村”——房屋林立、乱搭乱建、道路狭窄、楼与楼之间触手可及，“握手楼”油然而生。

我到“握手楼”里参观，发现这里阳光被狭窄的空间淹没，常年的灰暗色调笼罩着这些握手楼的阳台。“握手楼”一般建在城郊结合处或者旧城区里，交通还算便利，但是因为居住环境较差，所以租金较便宜，外来务工人员不约而同选择了“性价比”高的“握手楼”，在有钱人眼中“嗤之以鼻”的居住条件，却是打工人梦寐以求的“安乐窝”。四五个工厂女职工蜗居在三十平方米左右的“握手楼”里，把辛苦赚来的钱寄给家里的孩子，对于她们来说就是莫大的幸福。

每到夏季，广东地区降雨强度都会很大，持续性的暴雨，范围较为集中，城市中部分地区排水设施不健全、不完善，排水不畅，就很容易形成城市内涝。过去城市建设用地面积小，可选择的区域比较大，城市建设一般都选择地势比较高的地区。但是现今城市用地十分紧张，可选择的余地少，“低洼”地区也不会被高楼放过。随着城市面积越来越大，原本用于疏水排水的人工河渠和天然湿地被水泥地占用，可用的排水空间大面积减少。一旦遭遇强暴雨袭击，路面积水会成倍增加，形成洪涝，骤然积聚的洪水无法及时排出，自然在城市里肆意奔流，导致道路成“河流”，广场变“湖泊”，建在低洼地的居民区、工厂等也成了泽国。城市内涝也是“城市病”发威的表现。

狭小的生活空间让城市环境污染日益严重。汽车来来往往导致的空气污染，让二

氧化硫、二氧化碳和烟尘不自觉弥漫在空气中。“握手楼”里密集的人口让生活垃圾堆积如山，固体废物污染在城中村里无所遁形。塞车时接踵而至的喇叭声加剧了城市里的噪声污染……城市也是会“生病”的，但如果在大城市生活的每一个人都充当起城市弊病的“医生”，能节约一点点资源、少一点点破坏，我想城市很快就能被“治愈”，在城市里生活的人也会更加幸福。

03 地理视角看东北人那个爽劲

曾经第一次去东北走亲戚，一进家门，亲戚就问“你咋来了呢?”，我一听，我似乎并不受欢迎，我还愣在那儿，亲戚又来了一句“你啥时候走呢?”，我刚来就问我什么时候走，心里越发难受，后来了解才知道，这是东北人向客人热情打招呼的方式。去东北旅游最深的印象就是无论走到哪儿，都会听到一句“哥，今儿咋了?”东北人亲切地问候着我，就像已经认识了很多年的朋友，自然而然就能熟悉起来。就像在广东听到“靓仔”一样，起初我并不适应，后来发现这是陌生人之间相处的“礼貌”，我也能自然回应了。

“东北纯爷们”崇尚勇武，做事有魄力、敢干。东北地区处于高纬度，常年受冰雪灾害影响，东北人面对恶劣的自然环境，态度坚决，不服输干到底，在茫茫的雪地里打猎以寻找生机。打猎回来以后也会把食物分给邻居，人与人之间往往真诚相待。东

北地形平坦，一望无际的平原让人与人之间的隔阂被轻易打断，所以东北人对人比较实在，说话简单直接明了，心里想啥就说啥，一派爽朗作风。

东北地区地广人稀，一开始到东北的人多是为了寻找“珍宝”，他们远离亲人和家乡，淘金、采矿、伐木、采参，即便有了物质和金钱但孤独感无助感仍然会萦绕心间。东北地区有时方圆几百里都没有人烟，这里野生动物多，东北虎、熊、松鼠、蛇、啄木鸟等动物霸占了这片圣土。在长白山的原始山林中，采参的路边经常有一些木屋，主人不在时，路过的人也可以直接进去吃饭睡觉，走的时候在窗户上留下记号让主人知道有人进来过屋子里休息，如果有条件的话，休息完离开的人会留下物品表示感谢。

东北地区地广人稀，不需要争分夺秒去奋斗，粮食资源仍旧取之不尽用之不竭，不争不抢而能自足，所以养成了东北人“慵懒”的个性。高纬度的东北地区热量不足，一年一熟。有大半年的时间都处在“农闲”时期，有些人会在农闲时期做副业，有些人吃饱喝足后不免要找三五知已聚在炕上唠嗑，两斤白酒二两花生几个馒头都够唠一天一夜了，下到邻里长短，上到国家大事，侃侃而谈，能说会道成了东北人的品性，联络沟通就成了东北人民的家常便饭。

闻名的东北二人转也是东北人民茶余饭后的消遣，在广阔的关东原野上以野性活泼的方式呈现，释放了东北人民最淳朴的天性。崇尚自由享乐的性格在东北人身上淋漓尽致地凸显。东北地区天气寒冷，在这里生活的祖辈需要去“闯”才能获得所需的食物和能量，独特的地理环境孕育着敢于冒险的东北人，北方民歌也和东北人民的性格相随，大多粗犷豪放、雄浑有力、节奏明快。南方地区气候温和，人们聪颖细腻，南方民歌大多比较含蓄，婉转而柔和、抒情而妩媚。不同的气候环境也造就了不一样的地域风情。

如果有幸再次到东北旅游，遇到东北人问我：“哥，今儿咋了?”我会笑容满面地回答：“点儿正!”（“点儿正”就是东北话“运气好”的意思）

04 新疆绿洲

沙漠中昂扬起的那一点绿意，星星点点笼罩着新疆的边陲。你永远不知道沙漠的地底下有着多少水源，地下水在默默地流淌，浸染着这层层叠叠的绿洲。这些地下水来自附近巍峨挺拔的高山，山上积有厚厚的冰雪，夏季冰雪消融，雪水穿过山谷的缝隙流到沙漠的低谷地段，隐匿在地下的沙子和黏土层之间，形成了默默滋养绿洲的地下水。这些地下水贯穿了沙漠上的绿洲，可供人畜饮用，给沙漠带来生机，形成了一个又一个关于绿色的奇迹。

新疆绿洲展布于塔里木盆地、准噶尔盆地的周围，人工绿洲与天然绿洲环盆地而呈菱形或圈层不连续的分布格局，与当地地貌形态、水系分布及河流冲积平原的形成密切相关。绿肥作物和牧草的扎根让这里的土壤保持着天然的肥力，既非黏重、板实的紧实土壤，也非水分过多的低温土壤，让这片绿洲孕育出飘香的瓜果和茂盛的植被。绿洲中的河流分散分布，河边维吾尔姑娘的歌声在飞扬，河中石头随处可见，我随手拾起一块，在阳光的闪烁下，石子似乎能散发独特的光芒，我不自觉地艳羡着漂亮可爱的石子。热情好客的维吾尔姑娘走过来我身边，总是迫不及待要告诉我这片绿洲兴旺发达的奥秘，我用笑容答谢，殊不知地理专业的我已经深谙绿洲形成之道。

新疆绿洲一般分布在出山口的河流沿岸的平原和湖泊、河流三角洲位置。哪里有充足可靠的水源，哪里就可能形成绿洲，水土和光热资源组合优势明显的地方最容易发育绿洲。南疆的几大片绿洲分布在年径流量大的叶尔羌河、阿克苏河、和田河、渭干河、喀什噶尔河、孔雀河等河流域的中下游冲积平原。北疆（天山北麓）的诸多河流——玛纳斯河、奎屯河、呼图壁河、头屯河、乌鲁木齐河及博尔塔拉河、精河等流域的冲洪积平原也较为容易形成绿洲。这些河流的冲洪积平原或冲洪积扇中下部引水方便，土层也较深厚，最适宜农耕。人类逐水土而垦殖，绿洲也就随水土而发育。在各流域灌区，随着渠道的延伸和完善，使农垦不断扩大，绿洲也随之不断扩散。

沙漠奇迹之绿再也不是天方夜谭，而是长久徜徉在祖国西部内陆的青春之树。

05 中国传统文化中的地理方位

“造化钟神秀，阴阳割昏晓”“方州有交合，山县有阴阳”“下界隔中天，阴阳别昏晓”在传统诗词中总能看到“阴阳”二字。古文中《诗·大雅·公刘》：“相其阴阳，观其流泉。”宋叶适《醉乐亭记》：“永嘉多大山，在州西者独细而秀，十数步内，辄自为拱揖，高不孤耸，下亦凝止，阴阳附从，向背以情”也用阴阳辨方向。那古人是如何用“阴阳”来具体区分“南北”方向的呢?

山与水的阴阳和南北方向的代指是截然相反的。山水阴阳的划分为山的南面、水的北面叫作阳；山的北面、水的南面叫作阴，这是相对于北半球的“山水”而言。具体原因为山是地面形成的高耸的部分，太阳东升西落，从而导致太阳光能照射到山的南面，而无法照射到山的北面，所以山南为阳，山北为阴。而河流受到地转偏向力的影响，河流在流动时会向右岸偏移。中国大部分河流都是自西向东的流向，因此河南岸容易受到河水的冲击、侵蚀，形成南湿北干的情形，故水北为阳、水南为阴。

除了用“阴阳”来区分“南北”外，“南北”还和地位的尊贵相关。古代把南视为至尊，而把北象征为失败、臣服。当上皇帝称“南面称尊”；打了败仗、臣服他人叫“败北”“北面称臣”。

东、西方向上，古人还以东为尊，以西为次。皇后和妃子们的住处分为东宫、西宫，而以东宫为大为正，西宫为次为从；供奉祖宗牌位的太庙，要建在皇宫的东侧。前后左右也有尊卑高低之分。古代皇帝是至尊，他面南背北而坐，其左侧是东方。因此在崇尚东方的同时，“左”也随着高贵起来。三国时期的东吴占据江东，也称江左。古代文左武右的仪制、男左女右的观念等，都是尊左的反映。

从中国传统文化地理方位的指代中，可以窥见其深刻的内涵，随着时代的发展，更应该在古老中华文化中洞悉熠熠生辉的地理依托。

06 那一夜我住蒙古包

蒙古包是蒙古族最有特色的房屋样式。

千百年来从事游牧的蒙古族人，逐水草而栖，需要这样一种拆装简便，又具有保暖功能的建筑常伴身边，是一种为适应生存环境而进化出的古朴智慧。而随着蒙古文化在全国乃至全世界的传播，蒙古包与蒙古族也在外人的头脑中形成了固定的联系，成了塞外人文风光最好的载体。内蒙古高原降雨量少而不均，水源不稳定，气候变化剧烈，土地资源利用尤为困难。要在这样恶劣的自然环境中有效利用资源，可将杂草高效转换为蛋白质的牛羊就成了最好的中介。

然而内蒙古高原的降水量和草场无法支撑长期“驻牧”，“游牧”就成为可持续利用草场的一种办法，以至于马、车、可拆卸房屋（蒙古包）都成了必需品。

但牛羊身披皮毛，可以随时露天而居，人类却很难忍受这样的居住条件。蒙古包就是适应逐水草而居的游牧生活的产物，在经历了众多高原游牧民族的传承和发扬之后，变成了今天我们看到的样子。而越是在条件恶劣的放牧地区，这种建筑的作用也越加凸显。

“蒙古包”这一名称源自满语的“蒙古博”，意为蒙古人的帐幕。它的原型，是古代蒙古人的伞形帐幕，至今已有上千年的历史，在我国古代史书中被称作“穹庐”。蒙古包结构非常简单，主要由门、天窗、网状支架、毛毡和系绳组成，这都是在高原上可以方便找到的建筑材料，与汉族聚居地需要砖瓦等复杂的专业烧制品的选材方式完全不同。蒙古包的组装和拆迁也非常方便，因地制宜，就地取材，随时准备搭建。无论是历史上的行宫陵寝还是牧民居住的普通蒙古包，虽然规模和形式上有些许差别，但基本构思是一样的。制作蒙古包时，牧民首先选一个水草适宜的地方，根据包的大小画一个圆圈，并沿着这个圈将可以伸缩的网状支架树立起来，将包门朝东，并把支架固定好。

先把墙立起来，网状支架在蒙古语里叫作“哈那”，它由多根规格统一的红柳木条相互交叉并用系绳连接固定而成，质地轻而坚韧，不易走形，打眼不裂，是最适合蒙古包建造的框架木材。蒙古包上覆盖物的重量最后都落在“哈那”上，所以其质量决定了蒙古包的坚固程度。蒙古包的大小也由作为骨架的“哈那”的个数而定，高度则随着“哈那”的伸缩程度而变动。可变的直径和宽度，为蒙古包提供了多种气候中的适应性，让风吹、雨打、雪刮都不能撼动蒙古人心爱的家。

比如夏季多雨时，牧民会将蒙古包调整得略微高一些，增加透气性，刮大风时则要调低一些，减小受风面积。在固定好支架之后，则要立起天窗，并用一根根粗细、长度统一的木条将天窗与“哈那”连接起来。天窗是蒙古包中至关重要的一部分，用于蒙古包的采光和通风，蒙古语中称其为“陶脑”，蒙古人烧茶煮饭形成的袅袅炊烟也是从“陶脑”中穿过，升上天空的。而固定“陶脑”的木架在蒙古语中被称作“乌尼”，固定时先将“乌尼”的上端略微削尖，插进事先打好窟窿的“陶脑”，另一端也要打孔串上系绳与“哈那”固定起来，使这三个部分成为一个紧密相连的整体。绳子仿佛建筑物的血脉，串联所有固定结构，为整个蒙古包的稳定性起到了重要的作用。

接下来的步骤就是置毛毡了。毛毡用羊毛按照包架的形状和大小制成，分为顶毡、盖毡、围毡和地毡四个部分。蒙古包先置顶毡，后放围毡，再用若干大绳压系。地上还有两至三层的地毡。盖毡则呈方形，置于蒙古包最顶端，用以盖住“陶脑”，其四角用绳固定，与“哈那”连接在一起，在白天掀起，以便采光和通气，晚上则盖上。蒙古包顶的盖毡常常绘有一种用蓝布刺绣绣制的蒙古族传统祥云图案，围毡则一般用回纹图式装饰。蒙古包的门也是一个重要的装饰部位，包门一般绘制对称的云纹或寿字纹样，有的还会挂上刺绣门帘。

蒙古包是伴随蒙古牧民一生的移动居所，因此可谓“麻雀虽小，五脏俱全”，除了中央必有的灶火，蒙古包中还能够摆设柜子与桌椅等家具，以支持在牧场固定放牧的生活。总的来说，蒙古包内的陈设和位置基本都是固定的。

蒙古人向来有祭奉火神的传统，蒙古人将火炉看作是祖先传承下来的家业的象征，所以将其置于蒙古包的核心位置。蒙古包的西北角，也就是与包门相对的位置是专门用于祭祀的神位，通常安放佛箱、佛龛和成吉思汗像。包里东半边是男人的席位，放置马鞍、马鞭、猎物与摔跤服等物品；而西半边是女人的席位，放置胭脂、头饰、饮食和餐具等物品，这些放置习惯跟男女劳动的分工有关。

蒙古包被设计成圆形是不无道理的，其圆润柔和的外形不仅能够减少风沙的阻力，而且还可以最大化地利用有限的建筑材料来提供更大的居住空间。冬季严寒时，可以加厚蒙古包的包顶和包壁的毛毡，从而起到较好的御寒功效。蒙古包设有门槛，用于防止寒气侵入和大雪堆积。而炎炎夏季，则可以打开顶毡和围毡进行散热，由此来看，蒙古包可谓是“冬暖夏凉”的好住处了。只是，临时搭建的蒙古包隔音较差。但牺牲隐私性也并非没有原因，这是因为在草原上牧民能依靠的只有自己，他们必须不出门就可以洞悉外面的情况。较差的隔音效果，使得蒙古人不仅在夜里更容易知晓外面畜群的状况，而且在古代兵荒马乱的时代可对敌情更加警觉。到了搬迁时，人们只需解开各个驼绳，各个部位就会解体。经过两三个小时的折叠和归位，蒙古包就从草原上消失了，变成了可以快速转运的零件。此时“哈那”可作牛车的车板，其他部分可放在“哈那”上方并用系绳捆牢，只需一辆牛车就可以将整个蒙古包拉走，十分便利。草原上的蒙古包洁白如玉，常常被诗人形容为洒在碧绿平原上的一颗珍珠，这与蒙古族崇尚白色有关，蒙古人“以白色为伊始”，因为雪白的羊群是蒙古族生活的主要依靠，而奶食品养育了世世代代的蒙古人，这都是白色带来的祥瑞。

内蒙古是一个值得你一游的地方！

07 蒙古人裹的是床单吗

小时候看电视，总觉得蒙古人穿着很奇怪，整天裹着一张“大床单”，长大后才知道那个叫蒙古袍，蒙古袍主要包括长袍、腰带、靴子、首饰等。蒙古族居住在地域辽阔、人烟稀少的内蒙古高原，穿着特点也因地区的不同而在式样上有所差异。但总体来说，蒙古族服饰具有浓郁的草原风格特色。2014 年 11 月，“蒙古族服饰”经国务院批准列入第四批国家级非物质文化遗产代表性项目名录。

因为蒙古族长期生活在塞北草原，那里冬季气候寒冷，所以蒙古族人不论男女都爱穿长袍。加之草原牧草丰美，畜牧业发达，牧民们以游牧为主，马上活动的时间比较长，因此，他们的服饰必须便于骑乘，长袍、坎肩、皮帽、皮靴自然就成了他们的首选服饰。蒙古草原上全年温差大，因此不同季节他们的着装也会有所差异。牧区冬装多为光板皮衣，也有绸缎、棉布衣面，而夏装则以轻薄凉爽的布类为主要材料。

蒙古族的服饰有着自己独特的审美特征。蒙古族人们尤其偏爱鲜艳、光亮的颜色。这些色彩使人感到色调明朗、身心欢娱。蒙古族又崇尚白色、天蓝色这样一些纯净、明快的色彩。蓝天白云，绿草红衣，一种天然的和谐。长袍身端肥大，袖长，多红、黄、深蓝色。男女长袍下摆均不开衩，以红、绿绸缎作腰带。另外，从蒙古族服饰的款式看，薄衣薄带，既能体现人体的曲线美，又能体现蒙古牧人宽厚大度、粗犷坦荡的性格。

但蒙古女子除了率性坦荡外，同样粗中有细。蒙绣，是蒙古人民在长期生产生活中形成的一种手工技艺。蒙古女子不但能在软面料上刺绣，而且还能用驼绒线、牛筋等在羊毛毡、皮靴等硬面料上刺绣。从刺绣的针法上看，蒙古人的刺绣艺术以凝重质朴取胜。其大面料的贴花方法、粗犷匀称的针法、鲜明的对比色彩，给人以饱满充实之感。

从衣饰的主体来看，蒙古族男女老幼都喜爱穿长袍。这种袍子整体宽松，袖子一般较长。袍子下端左右一般不分岔，领子较高，纽扣在右侧。袍子的领口、袖口、边沿，常用漂亮的花边点缀，袍子的颜色，因地因人因季而异。

蒙古人头上也不简单。平素牧区妇女一般不戴帽，只是用红、绿等颜色的长绸子把头发缠起来，冬季和男子一样戴圆锥形帽。她们会在逢年过节、喜庆宴会、访亲探友时在头上配上一些装饰。而未婚女子则一般把头发从前方中间分开，扎上两个发根。然后在发根上面带两个大圆珠，发梢下垂，并搭配上玛瑙、珊瑚、碧玉等装饰。男子夏季多戴蓝、黑褐色的鸭舌帽，也有人用绸子缠头。冬季多戴羊皮、狐皮帽，式样是尖顶大耳或草原式斗笠帽。

再看他们脚上蹬的靴子，分为马靴和蒙古靴。马靴又根据质地不同分为棉靴和单马靴，年轻人大都爱穿马靴。蒙古靴也叫香牛皮靴，它们往往带有尖稍（脚尖部分略微上翘）。靴子上通常附有图案，压制有花纹。靴子里面还会有一层衬皮，靴身宽大，人们一般会在里面套棉袜、毡袜。

就配饰来说，腰带是穿蒙古袍子时所必备的。有的腰带是布料，有的是绸缎。长的腰带可达五米。蒙古人十分讲究腰带的颜色与袍子相协调。蒙古族男子还会在腰带上挂刀子、火镰、鼻烟盒等饰物。蒙古族妇女的首饰品种很多，材料也因贫富不同，但多用玛瑙、珍珠、宝石、金银等制成。

蒙古族服饰，是蒙古族传统文化不可分割的组成部分。随着历史的发展，历代蒙古族人民在长期的生活和生产实践中，发挥自己的聪明才智并不断吸收兄弟民族服饰之精华。如今，蒙古族人民逐步完善和丰富了自己传统服饰的种类、款式风格、面料色彩、缝制工艺等，创造出越来越多精美绝伦的服饰，为中华民族的服饰文化增添了灿烂的光辉。

08 我家的水稻田

我的父亲是一位勤劳的农民，在我们家的水稻田里，总是能看到他忙碌的身影——他是水稻田的守望者，每天他佝偻着背，把水稻田打理得干干净净。稻田里除了水，就是水稻了。他经常守在农田里，日夜观察稻禾的长势。一旦发现病虫入侵稻田，破坏了稻田的宁静，他就积极地洒些农药杀虫。父亲既是位农民，又是位“战士”，他常常因歼灭虫害而自豪，也常常因没有一根杂草的稻田而获得路人的赞赏，但奇怪的是我家的水稻长得并不饱满。

我的邻居是个“懒惰”的人，他的农田在我们家隔壁。他很少去打理稻田，只是在稻田周围围上竹栅栏，稻田里放养了一些鸭子，还养了一些甲鱼。虽然他家的水稻没有杀过害虫，没有施过化肥，但是水稻的长势却异常的好。

到了高中，我接触到生物学科和地理学科的知识，才明白原来隔壁家的稻田是一个生态系统，它充分利用食物链的原理——甲鱼和鸭子可以吃稻田里的虫子，甲鱼和鸭子的排泄物又是有机肥，所以稻田里不用杀虫，也不用施肥，但水稻长势仍然很好，

而且甲鱼、鸭子既可以自家吃也可以卖，生态效益和经济效益兼备。正所谓“有心栽花花不开，无心插柳柳成荫”，此时我可算是明白了这一道理。

09 放暑假啦

同学们准备放暑假啦，大家欢欣雀跃地讨论着去哪里旅游。现在生活变好了，漫漫长假，家长带着学生们随处游，但以前可不比现在，以前放暑假家里的孩子都要帮着大人们干农活。

我读书的时候最怕放暑假，因为放暑假意味着要下田劳作。我老家在湖南，水稻一年两熟。小时候，我们家种两季水稻，每到7月底8月初的“黄金时节”，正是家里“双抢”的时候。何谓双抢？就是抢收早稻、播种晚稻。那为什么要抢呢？跟谁抢？是人吗？当然不是！是跟气候抢、跟时间抢，水稻生长期对热量的要求高，如果错过了时间，错过了高热量期，晚稻后期就长不了！在“双抢”期间，家里劳动力短缺，对于小时候的我来说，为了临时补充家里的劳动力，学校就放暑假，这也许就是暑假的来历。

海南岛纬度低，气温高，热量充足，一年三熟，可以不用抢；东北地区纬度高，气温低，热量不足，一年一熟，也不用抢，唯有“夹在中间”的湖南人忙忙碌碌，赶着“双抢”。一年一熟让东北人大部分时间都闲着，于是他们整天坐在坑上边喝酒边唠嗑，以至于出现打趣的说法：难怪东北人被冠上“能喝又能说”的“懒人”名衔。

但也不能“一竹竿打死一船人”，东北也有勤快之人。东北地区是我国三大林区之首，在农闲的时候，勤快的人搞起了副业，带着猎枪、锄头上了林地，发现了“东北三宝”——鹿茸、貂皮、人参。俗话说“早起的鸟先得食”，我说“勤快的东北人能捡宝”！

10 舌尖上的地理

地理环境是人类文化创造的自然基础。不同地区粮食作物的品种选择是不同的，这与地理环境的特性紧密相关。在我国历史早期，受各地区之间不同自然条件的强烈影响，各地区的饮食就有较大的区别，历经千年沿袭，逐渐形成了不同的饮食文化区域。

东北饮食文化区是包括辽宁、吉林、黑龙江三省全部及内蒙古自治区呼伦贝尔等三盟在内的一个饮食文化区域。这片区域土壤肥沃、地面水源丰富、草原肥美、平原广阔、山林原野动植物及江河湖海水生资源丰富。无霜期短、冬季严寒且严寒期长、人口稀少等条件构成了这一区域特定的自然地理环境、生态环境与饮食文化形成的基本条件。这里主食原料品种丰富合理，动物蛋白比重较高。由于地处多雪地带，食物中动植物、脂肪含量、盐的摄入量都高于其他地区，同时嗜辛辣味，酒的人均消费量也较高，并且是最早吸食和种植烟草的地区之一。

除此之外，东北冷冻食品种类也特别多。冻肉、冻鱼、冻干粮、冻水果，尤其是冻豆腐更为一大特色。由于无霜期短，地产时鲜蔬菜品种和数量都不及关内，因而在旺产季节大量晾干菜以备冬春两季食用便成为该地区各民族间共同的习惯。家家户户挖菜窖贮存大量的白菜、萝卜、马铃薯等。每家都有数个大小不一的咸菜坛，腌有各种家蔬野菜。咸蛋、腌肉的腌存也很普遍。每家有酱缸一大口，这也是该地区汉族等许多民族的共同习惯。

从主食结构上看，由于水热条件的不同，我国北方以种植小麦为主，南方以种植水稻为主，故形成了“北面南米”的格局。另外，中国“八大菜系”的烹调技艺各具特色，素有“南甜北咸，东辣西酸”之说，它的形成也与地理环境有关。就拿“南甜北咸”的形成来讲，它与我国南北方的气候差异有关。

我国北方地处暖温带，冬季寒冷干燥，夏季高温多雨，气温年较差大。在过去，即使少量的蔬菜也难以过冬，同时又不舍得一时“挥霍掉”，北方人便把菜腌制起来慢慢“享用”，这样一来，北方大多数人也就养成了吃咸的习惯。

山西人能吃醋，可谓“西酸”之首。山西等地的“西方人”何以爱吃酸？原因是黄土高原及其周边地区的水土中含有大量的钙。而且，这些地方大量种植小麦、莜麦，这些东西磨成面之后不容易消化，钙的含量也相应较多。因此，体内容易引起钙质淀积，形成结石。经过长期的实践经验，他们发现多吃酸性食物有利于减少结石等疾病。久而久之，他们也就渐渐养成了爱吃酸的习惯。长久以来，山西老陈醋就闻名全国了。

南方地区，尤其是长江中下游平原是典型的亚热带季风气候。夏季高温多雨，雨热同期。这种气候条件特别适合种植水稻，而从生物学的角度来讲，水稻含有淀粉量比较高。另外，南方气温较高，多雨，光热条件好，盛产甘蔗。勤劳地南方人身体能量需求大，需要摄入更多的糖来补充能耗。长久以来，南方人养成了喜吃甜食的习惯。

民间有“贵州人不怕辣、湖南人辣不怕，四川人怕不辣”之说。喜辣的食俗多与气候潮湿的地理环境有关。四川地处盆地，属于典型的亚热带季风气候，更是潮湿多雾，一年四季少见太阳，因而有“蜀犬吠日”之说。这种气候导致人的身体表面湿度与空气饱和湿度相当，难以排出汗液，令人感到烦闷不安，时间久了，还易使人患风湿寒邪、脾胃虚弱等病症。吃辣椒能使汗液轻而易举地排出，经常吃辣可以驱寒祛湿，从这个角度来讲，吃辣椒对健康是有利的。

11 石湾镇的“起死回生”

《明诗综》中有云：“石湾瓦，甲天下，旁及海外之国”。“巧夺天工凭妙手，石湾该是美陶湾”郭沫若曾用这样的诗句来形容石湾陶艺。佛山石湾被称为“南国陶都”，其制陶文化底蕴深厚、源远流长，河宕贝丘遗址的存在印证了石湾制陶悠久的历史。

先前去石湾小镇，路遇一人在此写生，她在素描草稿的边上抄上了一首诗：“妙手匠心巧出神，泥沙水火见奇珍。艺精品美石湾瓦，名甲四方天下闻。”石湾陶塑公仔是泥土与水火所凝聚而成的艺术，陶塑师指尖流转间便雕刻出或是不忧不惧、笑如春风的和尚，或是温顺闲坐的梅花鹿，或是寓意吉祥的各路形态各异的神仙……石湾公仔的艺术创作植根于民间，每件作品都凝练着浑厚、粗犷、质朴、率真的审美情趣。石湾陶塑上釉别具一格，釉色浑厚斑斓，其造型往往栩栩如生。陶塑家在塑造人物的时候则以不施釉的陶泥“胎骨”表现人体肌肤，精雕细琢出“比瓷雕更有温情和人性”的陶塑人物。

石湾陶瓷产业在新中国成立后尤其是改革开放后便一骑绝尘地发展起来。20 世纪 80 年代初，在国家改革开放政策的驱动和支持下，佛山率先从意大利引进了国外建筑陶瓷生产线，石湾陶瓷生产便进入了产业化、规模化的快速发展阶段，佛山也逐步成为中国最大的陶瓷生产基地。但是陶和瓷的发展的路子并不太一样，陶产业的发展大多靠陶塑手工艺品支撑，有装饰用的陶塑艺术品也有实用的日用陶具，佛山陶塑手工艺的发展从石湾公仔闻名全国这一点上可见一斑。当时石湾陶业发展的两个重要因素是交通便利和陶土资源丰富。佛山石湾水运便利，汾江和东平河直通广州，广州又是海运出口的一大口岸城市，因此产品运往各地都十分便利。石湾一带又有陶泥岗沙，取材方便，于是本来就有陶瓷业基础的石湾便很快发展成为岭南重要的陶器生产基地。如果说陶产业的发展如同山林中清泉细水长流，那么瓷产业的发展就显得更加粗犷一点了，瓷产业的发展大多依靠瓷砖、内墙砖、卫浴等建筑陶瓷的生产出口支撑。

但是，进入21世纪后的佛山，其陶瓷产业迎来了“冷冬时期”。佛山石湾这种核心陶瓷产业基地纷纷开始向外转移，例如向有着清洁天然气资源的四川及拥有丰富原料的西部市场转移，向省内临近的清远、肇庆、河源等地转移并且形成一片泛佛山陶瓷区域。那么，为什么作为全国最大陶瓷生产地的佛山要逐步舍弃掉经济发展的大头呢?

除开手工制作的陶塑艺术品外，批量生产陶瓷产品是十分耗费资源的。陶瓷厂内都有很多瓷窑，每一次烧瓷都要耗费大量的燃料，据数据统计，陶瓷产业的生产成本里燃料就占了三成。经过多年的快速发展，佛山及其周边的原材料砂土也已经几乎消耗殆尽。土地价格的飙升、燃料价格的暴涨、劳动力成本的提高都对产业的发展造成了巨大的压力。

其次，陶瓷产业是环境污染的大制造家。陶瓷产业的废气排放量、二氧化硫排放量、粉尘排放量都榜上有名。大多陶瓷厂不注重环保治理，缺乏可持续发展的眼光，对环保的投入不足。随着城市发展的环保压力越来越大以及构建环保城市而进行的产业结构调整，陶瓷产业只能被迫转移。

贵为南国陶都，石湾造就了不少风格独特、民族特点突出的陶塑艺术品，也成就了众多技艺高超、有美学追求的陶艺家，只不过陶瓷产业的过度发展导致这种传统民间陶塑艺术陷入停滞黯淡的囹圄。但是陶塑文化和南方独有的审美情趣不应该为这种粗犷的过度发展买单，在佛山产业转型升级的推动下，石湾小镇深挖陶塑深邃的文化内涵开发文化旅游，打造了创新驱动力强、产业体系完善、古镇环境优美、文化韵味独特、高端人才汇集的具有先进代表性的中国陶谷特色小镇，石湾——“中国陶谷”是传统产业的“老树发新枝”，也是新兴产业的“万象迎新”。

12 喀什土陶

在新疆喀什民间曾经有这样一则传说广为流传：真主安拉命令努哈圣人制作大量的陶罐，努哈圣人费尽九牛二虎之力精心完成了真主指定数量的陶罐。完成以后，真主安拉看了看就又命令他将所有的陶罐全部打碎。努哈圣人的手因为没日没夜地泡在水和泥巴里，手指的关节疼痛得厉害，他凝视着那一堆精美的土陶罐，尽管千般万般的不情愿，但主命难违还是照做了。他把陶罐一一砸碎后问真主：“真主安拉啊，我遵从您的旨意制作了陶罐，然后又将其打碎，浪费了工时，这是为什么呀?”真主安拉说：“你还记得吗，你为了世间所有东西都呈现独一无二的特性，曾经乞求于我，让我把世间成双成对的东西只留下一半，而把另一半毁掉，我也照做了。那被我毁掉的另一半不也是我辛辛苦苦创造出来的吗?”努哈圣人听罢，为自己曾经的罪过懊悔不已，并为了忏悔而一直流泪。“努哈”这一词就是“流泪者”的意思。这个传说传达给我们一个信息，土陶技艺是一种古老而久远的手艺，后来的人们也根据这个传说相信着努哈圣人就是土陶手艺的开山鼻祖。

被称为“泥巴艺术”的喀什土陶，其历史可以追溯到新石器时代。在喀什的土陶器中，仿古土陶是最为人所称道的，因为它不仅继承了传统的土陶风格，手艺人还在此基础上进行了艺术上的创新，让其实用性和审美价值达到了一个新的层次。制作土陶要用河泥作原料，加水反复用力揉捏。喀什的河泥土质地细腻、黏性强，为制作土陶器提供了上好的材料。

喀什噶尔老城东方、吐曼河畔旁的黄土高崖上一个名曰阔孜其亚贝希巷的居民巷，名字的意思是“高崖上的土陶”。它位于喀什老城地势最高的崖壁上，两千多年前就已经见其踪迹。高崖的土层中有一种被维吾尔族人叫作“赛格孜”的土壤，这种泥土质地细腻、黏性极强，十分有利于制作陶器。生活在这里的人们大多从事土陶手工艺制作，这里也因此而得名。河水丰沛时，河泥较充足，并且制作土陶的水源也较充沛。

喀什位于西北温带大陆性气候区，全年降水少。这里的河水主要靠高山冰雪融水补给，夏季气温高，高山冰雪融水量大，河流携带的泥沙较多，优质的河泥较丰富，原料和水源较充足，所以喀什土陶制作的最佳时期是7—8月。土陶制作需要经过选料、过筛、和泥拌揉、坯体成型、彩绘、琢雕刻花、上釉、入窑烧制等数十道纯手工工序，所以不是谁都能一下子学会做土陶的，做出精美陶器的都是长年累月的老手艺人。

但是现在，维吾尔土陶手工艺已经处于停滞不前甚至濒危的地步，由于工业和科技快速进步，土陶制品逐渐被生产线上的廉价工艺品代替。而维吾尔族土陶将复杂的制作流程延续至今，无法量产的陶器只能让步于现代化。多数的传承者已经老去，他们长期浸泡在水和泥巴里的双手风湿病严重，手指关节不同程度的变形，没有办法再持续发展下去，他们付出了大量的劳动却没有得到应得的经济收益，而新一代的年轻人没有几个愿意将这“吃力不讨好”的手艺传承下去，他们只能选择改行或者步履维艰地坚持。这或许也是各个角落的传统手工艺文化必然面临的发展困境。

13 怀念儿时的有机蔬菜

以前家里穷，种菜买不起化肥，动物的粪便就成了最金贵的农田肥料。以前每天早上起来，都和二哥一起挑着簸箕去捡狗屎。为了激发我们干活的动力，父亲还制定了奖励机制，谁捡的狗屎多，谁就可以多吃一碗饭，小时候的梦想很简单，有一天能吃顿饱饭就满足了。每次和二哥一起捡回来的狗屎就倒在茅厕里。过一段时间，父亲就会用这些廉价的大粪浇灌地里的蔬菜。当时的我觉得挑粪便都已经很恶心了，更别提要用粪便来浇吃进嘴里的菜。以前家里穷，很少买农药，因此有时候菜叶上会有黄斑点点，甚至有被虫子咬穿的洞眼，这种菜的品相也是极差。当时很羡慕邻居家吃的施过化肥的蔬菜，而如今，却天天盼望吃点大粪浇出来的菜。现在才明白那种没有施用化肥和农药的蔬菜是对人体健康不产生威胁的有机蔬菜，现在我们把这种蔬菜称为“绿色食品”。

有机蔬菜作为绿色食品的一种，在蔬菜生产过程中有一套严格的有机生产规程，在蔬菜的生长过程中禁止使用任何化学合成的农药、化肥等化学物质来让蔬菜“长势好”。有机蔬菜反对市场上急功近利的“拔苗助长”行为，既利用基因工程生物，又遵循自然规律和生态学原理，积极采取一系列可持续发展的农业技术，让农业生态系统持续稳定，真正做到蔬菜生产的“保质保量”。经过有机食品认证机构鉴定认证，会为有机蔬菜食品颁发相关的食品安全保障证书，让人们吃得安心、吃得舒心。

有机食物被誉为饮食界的“朝阳产业”，有机蔬菜因为做到“返璞归真”而在如今具有广阔的市场。全球有机产品市场目前以良好态势持续发展，有机蔬菜被认为是无污染的健康安全食品之一，正在引领食品消费市场的新时尚。随着人们对食物安全的要求越来越高，无污染、无化肥农药残留的有机蔬菜受到越来越多消费者的青睐。

有机蔬菜的种植遵循安全、天然的生产方式，不追求盲目扩大生产，可以极好地推动和保持生态平衡。更重要的是，有机蔬菜无化学残留，口感佳、营养足，在国外早已走入寻常百姓家，例如日本的有机蔬菜普及率高达80%，美国人更注重健康饮食，因此有机蔬菜的普及率更高。随着中国人生活质量和水平的提高，有机蔬菜在中国也

将越来越受到广大人民群众的喜爱。物质文明越发达的年代，越想找回原来生活的单纯，毕竟化繁为简，人生所追求的不就是一种简单快乐的纯粹吗？

14 中国的高铁

纵横阡陌的高铁运输网络，输送出国家交通最强劲的生机与脉搏。中国高铁在近十年来用创新之力实现了由“追赶”到“领跑”角色的转变。速度快的京沪高铁在辽阔的中国大地上驰骋；里程长的京广高铁穿越平原、湖泊，横亘在东方；穿越冰天雪地的哈大高铁闪着银色的微光；西北“大动脉”兰新高铁施展出自己的能力，爬雪山过草地闯戈壁……只有你想不到，没有中国高铁做不到。

中国高铁使尽浑身解数，连接着星罗棋布的聚落，洗刷着城市乡村的面貌。曾经，我生活的中山地区交通不太便利，而今，轻轨把中山跟广东各地区相连、高铁把中山跟全国相连。从中山坐轻轨到广州南站也就半小时而已，大湾区“半小时”生活圈不再是梦。平稳地在车轨中前行，轱辘转个不停，车来车往、人上人落，舒适的座椅、洁净的卫生间，与人耳语就像在一个小办公室里。迅雷不及掩耳之势，目的地就到了。借力高铁，中山的经济实现了腾飞，大湾区城市经济集群效益尽收眼底。大部分城市都能通过高铁“一线牵”，贯穿了中国东西南北的咽喉要塞。沿线枢纽城市迫切地想要对话，用人才、技术和信息筑起欣欣向荣的繁华。

2014 年 12 月 26 日，世界一次性建设里程最长的高速铁路——兰新高铁正式通车，兰新高铁青海段内，共有桥梁 54 座共 74.247 千米，隧道 29 座共 85.628 千米。逢山开路，遇水搭桥，这是中国人民在建设高铁时迸发的智慧。我国东部平原地区，多数高铁在修建时，不惜成本以桥代路，既可以少占耕地，又可避免堵塞地面交通。不逃避困难、直面挑战，集中中国人的力量攻坚克难，调用能工巧匠解决问题，这无疑成了中国高铁奇迹的成功密码。

从中山回湖南老家仅需 3 小时，地域的距离再也无法割断我和亲人的联系。沿途山水奇景、高山耸立，都让我在回家的路途中“大饱眼福”。途径粤北山区，遇水架桥、遇山钻洞，可以使线路平直，降低路面坡度，保障高速行驶。第一次坐火车回湖南，还是“K”字头的普快列车，那时候高铁还没有“普及”，“K”就代表快，现在的“K”却意味着慢，短短几年高铁变化之快，“K”的存在有种“名不副实”的幽默感。

青藏铁路同样也是以桥代路的典范，工程队希望给青藏地区的野生动物迁徙时留出通道，同时以桥代路也能减轻冻土对铁路建设的影响。除此以外，青藏铁路的冻土区还会使用“热棒”技术，用一根根中空密闭的钢管注入氨水，并将热棒的一部分埋入地下，由于上下的温度差会让氨水变成气体上升，带走热量，可用以降低冻土的温度，到了夏季，热棒则停止工作，这样也能有效解决青藏铁路建设时遇到冻土的难处。

中国高铁见证着时代的发展，大湾区的感召在未来也将以意想不到的高速创造美好生活。

15 环境与服饰

服饰是一个民族地方文化特色的象征，同时也体现了人们的思想意识和精神风貌，民族服饰的形成，除了受传统意识的影响之外，更重要的是受其地理条件和气候环境等多方面因素的影响。我国的东西南北各个地域，由于自然地理条件的差异性，形成了独具特色的民族服饰文化。

从南到北，西南地区深受来自印度洋的西南季风和来自太平洋的东南季风的影响，终年湿润。这里聚居生活着黎族、壮族、瑶族、苗族、布依族等数十个少数民族。他们的服装的共同特点首先是紧身、轻巧、利落，便于平时农业繁忙时提高劳动效率；其次无领、赤脚、裸露部位多，戴斗笠或缠包头可以适应湿润、降水多的气候环境，最具代表性的是男子的服装，各民族几近一致，变化较少；再次服饰在用料上采用自织布或彩绸、运用矿物和植物染料工艺加绣自己熟悉的山水、花鸟、树木等图案，明显体现出山乡的苍翠与水乡的秀美。云南西部畜牧业比较发达，有的牧民饲养牦牛，因此能够穿上羊皮、牦牛皮制成的皮衣。而同纬度的东边地区，各民族则用麻、棉等天然纤维织成土布来制作服装。在春、夏、秋、冬四季分明的地区，就有按照季节变化换穿单、夹、棉、皮的习俗，目前，人们一般都要购置几套与季节相适应的衣服，比如夏季男士的短袖、春秋季节的休闲装，以及冬季的滑雪衫、皮夹克和羊毛衫等。然而在四季如春的云南昆明一带，则形成了人们“四季服装同穿戴”的另一番人文景观。

地处亚热带地区的珠江三角洲与长江三角洲是我国重要的蚕丝生产基地。气候湿热，适宜黄麻等作物生产，因此人们的服饰多以丝绸和麻布质地为主。

再往北去，东北地区鄂伦春等少数民族，则利用丰富的森林资源和繁多的野生动物制作毛皮大衣。比如鄂伦春族头顶上的狐皮大帽就能够遮住大半个身体。脚下踩的狐皮毛靴能够御寒、防滑。赫哲族由于久居江边，以捕鱼为生，穿鱼皮长衫，踏鱼皮靰鞡。满族和朝鲜族服饰的线条明确，多用土布为原料，冬夏服装分明，衣着比较宽大。而配饰上，东北地区的少数民族，除了穿金戴银外，渔猎部落还喜欢在头上装饰羽毛和猛兽的头颅，彰显其英勇无畏的精神。

继续往西，青藏高原作为我国四大牧区之一，地势高，空气稀薄，气压低，日照强，日温差大，干湿季分明。这样的高寒气候，居住在这里的少数民族，也用他们的智慧打造了与众不同的民族服饰。他们的服饰多利用高原牧区丰富的动物皮毛制成，防寒保暖。为了方便放牧，他们的皮袍多采用开胸，长袖连接下摆，以应对极大的日温差和极端恶劣的气候。藏族男子通常在袍内穿布衣，中午时分炎热时，脱掉一边袖子，缠于腰间，早晚寒冷时重新穿好，便于劳作。为了方便抵御猛兽，他们在腰上佩有短刀、长刀和火石等饰品，由于信仰佛教，藏族和门巴族多头戴佛珠。也正是因为青藏高原丰富的矿产资源，他们得以能够有繁多的银饰和铜饰品。

西北干旱地区是广阔的欧亚大陆草原荒漠区的一部分，受季风影响较弱，属于半干旱气候，大陆性显著。这里的蒙古族、回族、维吾尔族、哈萨克族人民的服饰在样式上比较简洁，装饰品少。而面料多采用适合在夏季高温干燥天气穿的绸缎和冬季保暖性能好的土布。女装多为裙装，下摆宽大，而男子多穿长裤、长筒靴，他们常将裤脚扎进长筒靴内，具有防寒保暖的功效。同样由于昼夜温差大，男子有时也着长袍，而女子的裙装外配有各种绣花坎肩，方便脱换。

地理环境直接作用于服饰的用料和形制，而复杂多样的自然条件和生态环境使各个民族选择服饰面料和款式都必须与其所处的生态环境相适应。随着科技的发展，许多手工业让位于机器加工业，以及交通运输业的发展，使各个地区的服饰差异逐渐减小。尽管如此，56 个民族 56 朵花，各族人民创造的优秀文化，以独具特色的民族服饰传承下来，共同构成了灿烂的中华传统文化。我们必须要以批判的眼光取其精华，去其糟粕，团结互助，共同实现伟大复兴的中国梦。

16 贵妃爱吃哪里的荔枝

杜牧的《过华清宫绝句三首·其一》“长安回望绣成堆，山顶千门次第开。一骑红尘妃子笑，无人知是荔枝来。”一骑驰来，烟尘滚滚，妃子欢心一笑，无人知道那是南方送了鲜果荔枝来，形象地揭露了统治者为满足一己口腹之欲，竟不惜兴师动众，劳民伤财。有力地鞭挞了唐玄宗与杨贵妃的骄奢淫侈。

长安即现在的西安，妃子长期在宫中，居然也知道南方的荔枝好吃，荔枝属常绿乔木，其果实成熟时为鲜红色；花期春季，果期夏季。果肉产鲜时呈半透明凝脂状，味香美，但容易变质，不耐储藏。荔枝喜高温高湿，喜光向阳，开花期天气晴朗温暖而不干热最有利，湿度过低、阴雨连绵、天气干热或强劲北风均不利于开花授粉。花果期遇到不利的灾害天气，会造成落花落果，甚至失收。

在广东、广西一带，荔枝遍布。但是根据当时的交通条件，如果从广东、广西运荔枝过去，早就坏了，所以我猜测，妃子吃的荔枝是从四川运过去的，四川离长安比较近，当时的交通工具是马车或者马。但是为什么四川又适宜荔枝生长呢？四川的荔枝相对于广东、广西的荔枝又有何优势呢？

四川为盆地地形，众山包围，受冷空气影响较小，冬季气温较同纬度地区高，热量相对比较充足。所以四川南部适合种荔枝树，同时因为其纬度比广东高，春季气温回升慢。四川的荔枝开花期和成熟期相比广东、广西都要晚，所以四川的荔枝可以错季上市，价格偏高。

17 徽派建筑——有宅皆设井，无处不雕花

“有宅皆设井，无处不雕花”，人们一听到这句俗语，基本上就知道我们是在谈论具有鲜明特色的徽派建筑了。烟青的砖、黛色的瓦、伫立的马头墙，雕梁花窗，飞檐出甍，回廊挂落，流檐翘角，宏伟壮观——这就是徽派建筑美的哲学。

典型的徽派建筑分布于古徽州地区，例如婺源县、绩溪县等古代就原属于徽州的地方，它们还常见于一些含有徽州基本特色但是不属于徽州地区的泛徽地区如浙江淳安，徽州周边的地区例如宣州部分民居的风格也多少带有一点“徽派风格”。这种建筑风格美学价值很高，因此其他地区也受其影响纷纷模仿。

民间诗传徽派建筑可谓是：“青砖小瓦马头墙，灌木回廊绣阁藏。梦里水乡芳绿野，玉谪伯虎慰苏杭。”由于地理环境的独特加之当地人文理念的影响，徽派建筑具有十分鲜明的美学特色。因为地形上四面环山，徽派建筑在总体布局上，依山就势、坐南朝北。这里就有一个问题了，为什么徽派建筑要反传统的坐北朝南之道而行呢？

我们知道，中国地处北半球，而且大部分位于北回归线以北。在冬季，太阳往南移，越往北的屋子太阳高度角越小，建筑的门窗朝南，可以让更多的太阳光“跑”进屋子里，起到保暖防寒的作用。而在夏季，太阳高度角增大，太阳从门、窗射入的光线相对就少，因此屋内避免了太阳的灼热直射。我国大部分地区位于东亚季风区，宅舍朝南，盛夏季节可避开下午最热时的直射阳光，隆冬季节又可避开西北寒风，起到防寒、保暖的作用。但是徽州至今仍保留朝北的古民居。其实这跟当地的风俗观念有关，当地有“商家门不宜南向，征家门不宜北向”之说。

古代人们都依据五行之说做事：商业属金，而南方属火，火克金不吉利；征属火，北方属水，水克火也不吉利。明清时期，徽商是最鼎盛的商业集团之一，他们赚得盆满钵满后回建房子，自然不希望建朝南向的房子“倒自己的霉运”。因大量移民涌入，按风水理论，水流不断象征财源滚滚，商人最忌讳看到“财水外流”，所以他们都会设置大量的天井收集和储存雨水，此外天井还有帮助采光的功能，民居内的大部分光线都来自于天井，正所谓“有宅皆设井”。

古越人的原聚居地就在安徽，由于古代中原胡人入侵加上战火纷飞，中原汉族人大规模南迁，于是中原文化和古越文化在碰撞的火花之中交流融合。中原人在建筑选址上考虑良多，一般房子要负阴抱阳，山为阳水为阴，因此建筑都要依山傍水。徽州建筑都有门楼，门楼是家户的脸面，是地位的象征。其实门楼主要作用是遮蔽雨水，防止木质大门被雨水溅湿。要是你见到有一家的门楼显得比其他门楼更加雍容华丽，那不用说，一定是个大户人家。徽州四面环山，山区潮湿，所以徽派建筑保留了古越人“干栏式”的格局排布。一是可以防潮湿和毒虫，二是在崎岖的山地丘陵也可以建造，三是能够抵御敌人的入侵。“马头墙”也是徽派建筑的文化符号。因聚族而居而且地狭人多，民居建筑密度很大，而且木构房屋极易发生火灾，为避免火势蔓延，而筑高墙防风、防火，形似马头，故称马头墙又称封火墙。

徽派建筑另一个鲜明的特色就是处处可见的精美雕花。木雕艺术、石雕艺术、砖雕艺术此三雕淋漓尽致地体现在徽派建筑中的每个角落。精雕细琢，富丽堂皇，正可谓是“无处不雕花”。徽派建筑集艺术性、实用性和历史性于一体，将民族智慧呈现于精致的雕琢、因地制宜的结构及其装饰上，凝固成中国建筑史上的一座丰碑。

18 我爱东北大米

年少时，我总爱跟母亲到米铺去买米，也没有什么特别的缘由，就只觉得米铺既没有菜市场那般的热闹喧哗、味道熏杂，也没有杂货店那般的狭窄凌乱。米铺的门前一袋袋的大米敞开着，每一个白花花的袋口都会有一张硬纸板陷在粒粒青白之中，歪歪斜斜的大字写着是什么米，价格多少。以前家里条件比较艰苦，母亲就爱买南方本地产的大米，上面标的数字往往是所有纸牌里比较低的，隐约记得那时母亲会跟店员说什么“上造米、下造米”之类的话。

现在，我依然会随着母亲去买米，只是并不像小时候那般喜爱米铺了，为的只是帮母亲把米袋扛到车上去。时间渐长，我们的生活条件也是与日渐好，母亲买米时出手当然就比从前阔绰得多，只认东北大米。东北大米粒型圆短，米色清亮透白，要说吃起来具体哪里不一样，确是“如鲠在喉，一字说不出”，但是饭煮成的时候总有一股从前没有的淡淡香气提醒你饭点到了。

同样是大米，为什么东北大米比南方的大米都要贵？这就涉及作物的生长期和生长周期了。水稻的生长周期指的是水稻从播种到成熟需要的时间。一般来说南方的水稻需要 120 ~ 130 天的时间就可以收成一次，而北方水稻的生长周期则更长，需要130 ~ 150 天左右。生长周期长的作物，成熟度更高，在生长的过程中拥有更多的时间汲取营养，它们也不浪费时间，扎根土地拼命吮吸土壤里的养分。而生长期则是与气候有关的概念，也叫气候生长期，具体是指当地日均温≥10℃的持续天数。温度在低于 10℃时，水稻就会觉得气候过于冷酷，没有办法再专注生长了。因此，作物的生长期就是指在作物的生长周期内可供作物生长的天数。以手机充电为例，A 手机在一个很少断电的房间充电，B 手机则在一个断电频繁的房间充电，那么 A 手机就能比 B 手机提前完成充电。在我国，南方春意浓时，北方正处冰封。作物的气候生长期一般自南向北递减，一年之内，东北只有 110 ~ 170 天可供水稻生长，而在长江流域以南，一般有 220 天以上的天数可供水稻生长，所以南方的水稻在一年里可以播种两次甚至三次，而东北地区的水稻只能播种一次。另外，夏季北方昼长时间长，农作物的光照时间长，有利于农作物进行光合作用；所谓“瑞雪兆丰年”，东北地区纬度高，冬季气温低，大部分病虫害被冻死，农作物喷洒农药少；东北地区土壤肥沃，施用化肥少，稻谷的品质好。

俗话有道，物以稀为贵，质高价更高。东北稻米单位土地面积产量相对较低，但是质量比南方稻米高得多，再考虑到运输、储存等因素，东北稻米的价格自然就比南方当地的稻米要昂贵了。

19 围龙屋

世有高堂广厦、琼楼玉宇，亦有雕梁绣户、碧瓦朱甍。建筑是凝固的艺术，而建筑最早的形态就是民居。传统民居不仅是一个地区的印记符号，更是民族文化存留的碑刻；不仅是百姓的安居之所，更是异乡人披星戴月时的心灵归宿。

围龙屋，与北京四合院、广西杆栏式民居、陕西窑洞、云南一颗印合称为中国最具乡土风情的五大传统住宅建筑。“逢山必有客，无客不住山”，围龙屋是岭南地区客家人建造的传统民居，它依山傍水、坐南朝北、前盘月池、后踞风水林。据记载，围龙屋在唐宋进入人们的视野，在明清成为标志性的建筑群，我们现在可以看到的围龙屋都已是百年老屋。

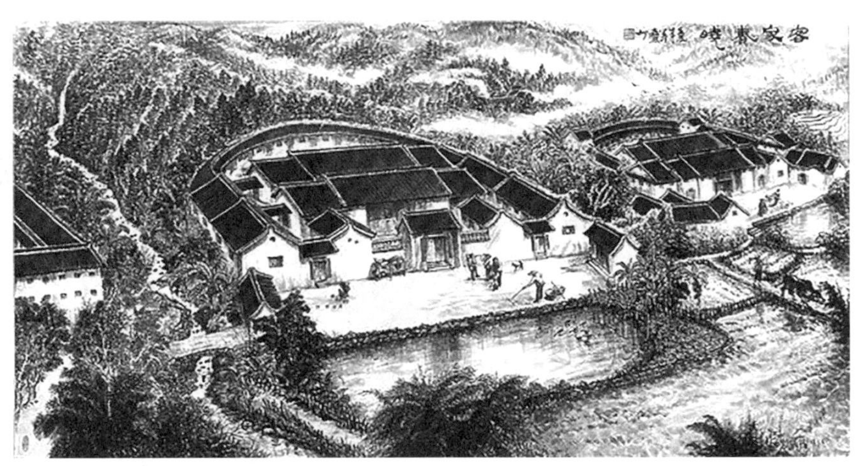

梅州是客家人的聚居地，梅州市地质构造比较复杂，拥有台地、丘陵、山地、阶地和平原五大类地貌类型，全市山地、丘陵、台地以及阶地面积占八成左右。围龙屋傍山而生，和福建土楼相比多了一分英气小巧，这是为了节约平原土地。围龙屋沿山脉随着山势而建，前低后高、坐南朝北，因此阳光不会因为围墙式的构造被遮挡，通风、排水的问题也随之解决。人们一定会在屋子的前头挖凿一个大致为半月状的池塘，称之为“月池”。“月池”位于地势较为低洼处，人们选址时常常要看这里是否有地下水涌出，这样十分利于储水和换水。广东处于亚热带季风区，夏季高温多雨。因为雨量大、降水多，所以围龙屋的屋顶坡度大便于排水，以减少积水对房顶的侵蚀。人们通过开凿天井达到通风散热的效果，并在围龙屋后围种上一圈林木，加上前围布置的月池，能够很好地起到调节小气候的作用。

围龙屋整体呈马蹄形，两边成中线对称，人们一般将其分为三个部分。最前面的就是“月池”，中间部分是围龙屋的核心，由门前的禾坪和堂院组成。屋子里的左邻右舍闲暇时间便会搬一张小竹凳在禾坪上闲话家常、养鸡遛狗，农忙时将金黄谷物铺满一层。最后面是一个环绕包围的围屋，通常围屋前布有半月形的“花胎”，“风水林”紧抱其后。半月池与围龙屋构成一个较为完整的椭圆，加上方形的堂屋完整地契合了古人“天圆地方”的世界观。“花胎”傍山属阳，“月池”为水属阴，有体现古代人追求阴阳调和的理念。围龙屋内部“三堂四廊”“九井十八厅”，其中三堂分别指上、中、下三堂，地势最高的上堂为祖堂，中堂为客厅，下堂为门堂；堂与横屋之间以天井、门厅间隔。一般围龙屋内有房间数十间，能供十几户人居住。客家人通常选背山面水、坐南朝北的地方，因为在季风特征明显的南方，这样既可以抵挡冬季来自北方的西北寒风，又可以在炎热的夏季，迎接和煦湿润的东南风。

由于古代北方胡人的入侵和中原战事频发，中原汉族发生了多次南方大迁移，他们大致迁移至粤赣闽三地交界处定居繁衍生息。围龙屋和土楼的落脚点往往都是学者们研究古代中原人民迁徙路线的一个重要参考。从建筑的建造布局不难看出，围龙屋和土楼都是聚族而居，但是围龙屋的规模要小得多。土楼的围墙高筑，封闭性很强。规模和封闭性其实都和分布区域有关。福建土楼居住的是外迁而来的客家人，而福建本地的原住民已经有一定的规模，因此双方矛盾较大，原住民不欢迎外来人，外迁而来的异乡人也无可奈何要找一处安居之所，因此他们之间的隔阂严重，古代客家人不受待见，这也导致土楼十分注重防御性。而号称“世界客都”的梅州，是客家人的聚居核心区，外迁而来时，当地只有一片荒芜，因此他们不需要关注建筑的防御能力，只关注其能否方便各家各户生活。

20 身上的“盐碱化”

夏季蝉鸣声声，暑气熏蒸。体育课后，课室就成了一个汗味收集箱，运动热烈的男同学更是夸张，汗流浃背，衣服被汗水浸湿了好大一块。待同学们在风下晾凉，伴着教师春风细雨般的讲课声，衣服也就慢慢干了。女生们为了保持形象倒也精明，特地穿来浅色的衣服上课。男生们可不管这些，穿深色衣服照样热烈运动。于是，如果你坐在后排，就能看到他们背上一大块一大块的有着白色边框的印子。那时候，你可能就会猜这是汗水在衣服上晾干之后留下的痕迹。这样的现象到底是如何在你的眼皮子底下形成的呢？

其实，那些挂在衣服上的白色的边框，是先前储存在身体之中的盐分随着汗液被带了出来。每一百毫升的汗液里，大约就有三百毫克的氯化钠。盐分属于固体成分，因此没有办法逃脱衣服的层层包围，于是就留在了衣服上，形成了一圈白白的印子。其实土地盐碱化的原理和衣服“白印化”的道理如出一辙。在一些干旱半干旱地区，农民对农作物实施不合理灌溉，例如：大水漫灌，过量的水下渗至地下，导致地下水位上升，毛细作用（土壤里有很多毛细管，地下水带着盐分沿着这些毛细管上升到地面）使地下水中的盐分上升到土壤表层，土壤中水分蒸发后，白花花的盐滞留在土壤里，这就是土地盐碱化。

析出在土壤表层的盐分对作物生长十分不利，一是高盐渗透作用，影响作物吸收水分。二是单盐毒害，而且还会影响到土壤的结构和土壤微生物从而间接影响作物生

长。所以在干旱半干旱地区，应该推广节水灌溉技术，如喷灌、滴灌等，以提高用水效率，保护土壤；也可以种植耐盐作物或者开挖深度排水沟以降低地下水位。

21 机械化挤奶，欧洲人的最爱

英国伦敦的一个郊外，杰克每天早上 6 点准时起床。洗漱完毕后，他第一件要做的事就是到牛圈安装好挤奶设备，然后轻轻按下电动开关，伴随着机器的轰鸣声，忙碌而愉快的一天就开始了。

欧洲人稠地狭，乳畜业以私人小型农场为主，这些农场的规模往往在 60 亩地左右。虽然占地面积不大，但牛奶的单产却很高，这与欧洲优越的牧草种植条件密不可分。欧洲西部属于温带海洋性气候，全年温和湿润，蒸发量小，十分利于多汁牧草的生长。小型的奶牛场大多分布在离城市较近且水草肥美的地方，天然草地便足够奶牛们生存。而少数小农场天然草地相对较少，则需要人工种植一些额外饲料以供奶牛食用。

除此之外，牛奶单产高与优良的奶牛品种也有很大关系。这些享受蓝天白云、绿色草地、甜美空气的幸福牛们一天可以挤三次奶——早上七点、下午三点、晚上十一点或者凌晨四点、中午十二点、晚上七点。农场的生活对奶牛和杰克来说，似乎每天都那么悠闲优哉、有条不紊。

很快，盛奶器便被新鲜甜美的牛奶灌满，杰克打开牛圈，吆喝一声“GO!”，几十头黑白相间的健硕奶牛如洪水般奔涌而出，一只高大的牧羊犬紧随其后。杰克放心地把奶牛们交给他得力的助手——牧羊犬，自己则开上运奶车将最新鲜的牛奶运往市区。

欧洲经济发达，城市化水平高，奶制品需求量大。杰克的车穿梭在城市街道中，各个超市、面包店悬空的货架早已等候多时。杰克每到一处，这些货架便塞得满满当当。上班高峰前，它们就被上班族、学生们抢购一空。欧洲发达的乳畜业，使奶制品往往成为欧洲人餐桌上的主角，因为这些高热量的主食有助于欧洲高纬度地区的人们保持身体热量。

22 冠雅的成功，“灯”你来寻

冠雅，是中山本土企业广东光阳电器有限公司的产品品牌，中国驰名商标。它坐落在中山小榄镇，每次到访，我都会被其“独树一帜”的产品所吸引：现代科技和文化艺术完美融为一体的典范。他们注重情怀熏陶，每一件产品背后都有一个个动人的故事。

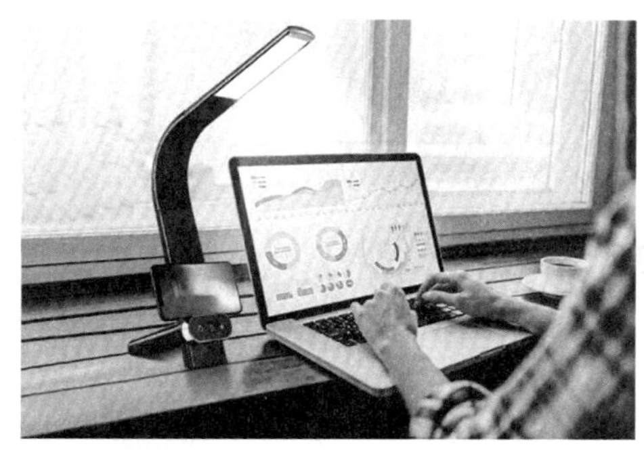
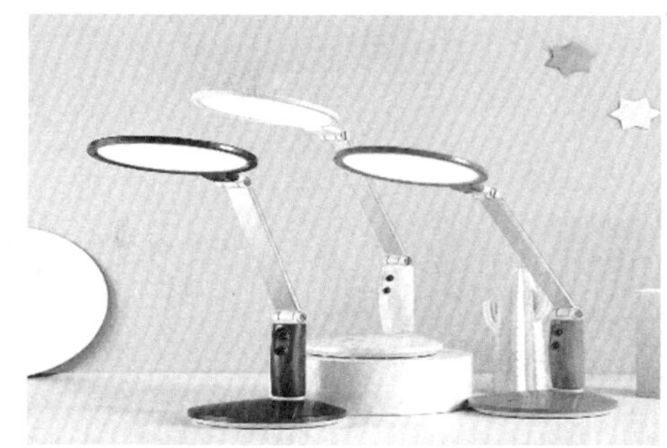

在冠雅人的眼里，始终恪守品质典范。严谨的检测队伍，完整的照明电气实验室，先进的检测设备及手段，冠雅的谨慎超乎你的想象。在生产前线的基层者严谨细致，对产品进行全方位的性能测试，从设计开发、原料采购到生产制造、成品出仓，每一个环节都采取预防与控制相结合的品质保障手段，确保每一件产品都能成为人们喜爱的优质商品。

公司每年投入大量资金，与高校和研发机构建立“产学研”合作关系，不断研发出新产品。公司根据市场需求技改扩能，大力推进精益化管理模式和智能化生产，公司的注塑车间、装配车间、电子车间（SMT）已逐步引进智能化机器设备，品质得到全程控制，生产效率的提升为销售开拓提供了有力的保障。冠雅始终“与时俱进”，针对新型冠状病毒肺炎疫情这种特殊时期，自主研发的“健康盒”，具有体积小、质量轻的优点。主要功能多样，可以对口罩、手表、眼镜、钥匙、手套等进行消毒处理。

冠雅所在的位置也是享誉全球“中国灯都”的核心地域之一的小榄镇，产业的集聚效应和规模效益好。从“零散”走向“聚集”，小榄附近有很多五金厂，与灯饰厂之间的工业联系密切，集中布局保证了较短的空间距离，企业间物料的运费可以降低；可共同建设和利用水、电、路等基础设施，缩短了交通运输线和工程管网，节省基建投资，使生产、生活成本降低；除此以外还有利于降低经营管理费用，便于互相沟通信息。

冠雅的老板是爱拼又儒雅的汕头人，为人低调务实，执着追求完美，重视企业团队管理。他是一位研究型领导，注重技术研发与创新，自企业成立以来，他带领着研发团队每天都在为新技术新产品的诞生而不断努力。“新、奇、特、优”是他研发产品的追求，他一直坚守原创的灯饰作品，“健康照明的创新者”是他办企业的初心，致力于成为照明行业的领头羊。冠雅“低调”的成功之处，你寻到了吗？请从地理的角度思考企业成功发展之道。

23 四季梯田

“很早就想到元阳，看看哈尼梯田，一层层天梯接上了蓝天，人在天上走，弯弯的小河，蓝蓝的天空，就像那童话里的故事，梦里的天堂，噢……萨依……美丽的哈尼姑娘，吹着那多情的巴乌，赶马的阿哥，禁不住回头望，醉了醉了”。一首《醉了梯田醉了元阳》把我带到了元阳哈尼梯田，美丽的姑娘没有遇到，却看到了多情的梯田，弯弯曲曲的田埂，带动着银色的梯田在空中飞舞，似那多情的少女的裙摆。

被雾气缠绕的梯田在春的怀抱里弥漫着缥缈的气息，被白雾遮盖的梯田在层层叠叠中若隐若现，云蒸霞蔚、静静地躺在天地之间，吸收着山间的灵气。秧苗随着春风摇动，土黄的泥层中孕育着新的生机。万级梯田沿着山势蔓延，从山脚到山顶，黄绿相间成了最美的雕塑。

夏之梯田洋溢着绿的欢腾，青葱模糊了轮廓，在绿浪滚滚的海洋里肆意奔流，在太阳的烘烤下摇曳，吟唱着生命的赞歌。整片梯田绿得逼人、绿得通透，美妙的曲线漫无目的地流转，在光的映照里诉说着对蓬勃的向往。

夏日的浪潮渐退，浓浓的秋意随着耀眼的金黄色席卷而来。红橙黄的温暖让人不自觉沉浸在丰收的喜悦中，梯田里无意掺杂的绿色保留了稻穗的生机。在深秋的滋养下，如链似带错落有致的暖系调色点缀着耕牛和衣着斑斓的耕者，绘出一幅气势磅礴的写意画，在堆叠中闪耀。

冬日的梯田复归大地原始的寂静和肃穆，环环白玉堆砌至云巅，银梯拾级而上，一年到头雍容地告别。梯田如白龙环绕，多了几分粗犷和雄竣。银装素裹，梯田被盖上了一层毛毯，秧苗悄悄地消融自己，无声无息地钻入泥土之中。凛冽的冬摇晃着身子，以磅礴的姿态孕育着来年的生机。

在丘陵山坡地上沿等高线方向修筑的条状阶台式或波浪式断面的田地即是梯田，梯田是治理坡耕地水土流失的有效措施，在蓄水、保土、增产上的作用十分显著。梯田的通风透光条件较好，有利于作物生长和营养物质的积累。地面坡度大小、土层厚薄、耕作方式和灌排系统统一规划，形成了错落有致的梯田。梯田修成后，配合深翻、增施有机肥料、种植适当的先锋作物等农业耕作措施，可以加速土壤熟化，提高土壤肥力。

梯田作为著名的旅游风景区，吸引了众多摄影爱好者的“光临”，游客们喜欢“打卡”记录梯田四季的风光。例如平安壮寨梯田有“七星伴月”和“九龙五虎”两大著名景观；金坑红瑶梯田有“大界千层天梯”“西山韶乐”“金佛顶”三大著名景观。四季梯田各具神韵，春如雾中仙子，夏滚绿波荡漾，秋叠暖色宝塔，冬获银装素裹。置身梯田之中，尽享自然之美，为四季流变之态而感慨万千。

24 郊区的耕地适合种水稻吗

甘叔最近胸口很闷，内心很烦躁。甘叔经常在他的三亩水稻田旁发呆，抽上一根又一根烟，看着金黄色沉甸甸的水稻，心里既喜悦又忧愁。他在这水稻田里守望了一辈子，把这田地看作自己的家，一家人衣食无忧，可是自己年纪大了，怕也无力再耕作这田地了，希望儿子甘愿继承他的衣钵，可是年轻人思想不一样，甘愿似乎还在逆反期，并不甘心像父亲一样守住这片田地种水稻。

甘愿宁可出去打工，也不愿在家种水稻，他说出去饭店刷盘子一个月都有三四千，一年下来好几万，比种水稻划算多了。其实甘愿内心有自己的想法。他们这耕地离市区仅 10 千米，应该算城市的郊区，隔壁老王家的两亩地租给别人种菜，一年有 4 千元收入，老李家那地，自己种花卉，老李的儿子经常往城里送盆景，这几年，老李家建了小洋楼，买了小汽车，家境越发殷实起来。可是甘叔“一根筋”，他说不种粮食没得吃，去买米又贵。如果种花卉风险大，花卉是有花期的，万一卖不掉，花全部凋谢在自己的田里了，甘叔的“一根筋”似乎也有道理，可是儿子甘愿就是不甘心种植水稻，甘愿自己要种花卉。

其实随着经济的发展，城市化水平不断提高，劳动者工资水平上升，而且城市郊区的土地价格也上升，种植水稻是不划算的。总体来说，城郊土地单位面积产值的大小顺序应该是花卉 > 蔬菜 > 粮棉。所以随着经济的发展，城市化水平不断提高，郊区耕地种植水稻的面积在不断减小，而种植花卉蔬菜的面积在不断增加，希望甘叔早日明白这一经济地理规律。

25 “丝”漫漫其修远兮

红袖织绫夸柿蒂，青旗沽酒趁梨花。杭州，这一座古老的城，萦绕在霓裳羽衣的故事里。桑田和蚕房镶嵌在小镇的肌理中，用一匹匹绸缎写下历史，串出未来。步入这小镇，旖旎的风光尽收眼底，河畔流水潺潺，仿佛穿越千年，看见西施挽起长发，在河边浣纱。

机杼之声，比户相闻。随处可见的丝在与缫丝机的合作下自由变换出绫、锦、绢、罗、纱、绸等各种不同形态。杭州乡间的少妇从蚕茧牵引出丝，把丝绕到框架上形成丝绞，美轮美奂的丝绸就此产生。

杭州地处平原，气候条件和土壤环境等均适合于桑树生长和桑蚕繁殖，因其处在中北亚热带过渡区，温暖湿润，四季分明，光照充足，雨量丰沛。一年中，随着冬、夏季风逆向转换，天气系统、控制气团和天气状况均会发生明显的季节性变化，形成春多雨、夏湿热、秋气爽、冬干冷的气候特征，适合种桑养蚕。

近代商品经济的发展，因杭州既“沿海”又沿长江，因此交通水运发达，有利于丝绸作为商品进行世界各地的流通。杭州的河流纵横、湖泊众多，平原地区水网密集。水资源丰富，具有航运、灌溉、排水、淡水养殖之利。江南自古富庶，购买能力强，所以杭州丝绸得以闻名于世，如此看来，“丝绸之乡”并非徒有虚名。

杭州之丝绸织锦是精致、和善的集大成者，丝织品制作技艺精湛，淬炼成展示杭州精美文化底蕴的瑰宝。那小小的绸缎，寄予和演绎着历代文人的诗情画意，丝绸披在身上轻舞倩影，摇曳出了杭州丝滑曼妙的人文风情。

驼铃古道洋溢着古丝绸之路，打开了中国和西域贸易的大门。从河西走廊出发，一路向西，穿行于塔克拉玛干大沙漠，翻越帕米尔高原，最终到达遥远的目的地。从东方古老国度到异域风情之地，可谓“雄关漫道真如铁”，才搭起了这条文明之路。孤烟大漠、胡马草原上，第一次出现了丝的柔软，见证了民族的碰撞，多元的交融。新世纪的今日，“一带一路”横空出世，长江潮又起，孕育出杭州四季盎然的生机。丝绸一改温柔，用波澜壮阔的宽广拥抱世界，用静水流深的魅力讲述中国故事。世界眼光、国际标准、中华特色、地域文明正在交织中勃发，绽放出最强劲的生命力。

酝酿丝绸文明历史的酒让人一饮就醉了，杭州，这座丝绸之城，始终在沧海桑田的天空里吟唱，在金戈铁马的大地上坚守，焕发出新时代丝路的无限魅力。

26 国庆塞车之我见

盛世华诞，双节同庆。昨天朋友从东莞回湖南邵阳老家与家人团聚过中秋，平常 9 小时可以到家，这次驾驶了 24 小时，终于到家了，今天早上看新闻，还有人在高速路上健身、野炊、钓鱼，忙得不亦乐乎，似乎他们是有准备而来。不得不感叹“道路年年修，回家年年堵”，回家的路既近又远。

2021 年 5 月以来，“双循环”的新发展格局被多次提及。双循环既内循环和外循环，内循环是国内消费为主，打通国内生产、分配、流通、消费的各个环节，刺激国内需求，促进经济发展。而国庆 3 天假，中秋 1 天假，调休 4 天假，共 8 天长假，正是刺激内需的时候。从 2021 年各地发布的交通拥堵的情况来看，乐观点说也是好事，说明出行人次增加，汽车的普及率提高，侧面反映了人们生活水平的提高。

很多人回家过节，和亲人团聚，家人之间的感情更浓，亲情更深，不再是“千里共婵娟”的思念，而是“满堂相聚齐赏月”的温馨。空巢老人的凄凉、留守儿童的孤寂在顷刻间消失得无影无踪。中秋国庆八天假，也是一家老小外出散心旅游的最佳时间，居民用于休闲旅游的开支增加，相对来说恩格尔系数降低，说明老百姓越来越富足，消费趋向合理，幸福感越来越强。高速路上车辆多，交通拥堵，可是有的人居然下来健身、打球、钓鱼，有的人甚至边弹吉他边唱歌：“动也不能动，退也不能退，这种感觉只有堵车的人才知道……”，与其抱怨不如自娱自乐打发时间，这种心态好极了，也侧面反映出现代居民素质的提升，不再是遇到一点困难动不动就雷霆大怒了，国民的心态越来越好了。

毕竟回家心切，但是交通拥堵。也反映了诸多问题的存在，路越修越多，越修越宽，但是为什么塞车越来越严重呢？目前的交通道路建设虽然很快，但是仍赶不上老百姓对交通的需求。如何尽量较少拥堵呢？多年来国家一直在不断完善交通运输网络，交通更加便利了。但也要鼓励居民多使用公共交通运输工具；鼓励市民错峰出行，避开人流高峰，最重要的是要文明驾驶，遵守各项交通规则。

27 都江堰，驯服洪水的秘密武器

雪山融化的水随着山脉滚滚而下，山地与雪峰相连的沟壑横亘都江堰的上游。站在都江堰分水的滩地，气势汹涌的江水都化作涓涓细流，从扼杀人畜性命到灌溉沃野良田的转变，“水旱从人”的功绩让我遥想李冰父子的日夜辛劳。

大禹治水的美名传诵千秋万代，“岷山导江，东别为沱”，大禹顺应自然、因势利导的治水理念在李冰父子身上“扎了根”，他们用勤劳、勇敢、智慧凝结出世界上迄今为止年代最久、唯一留存、仍在使用，以无坝引水为特征的宏大水利工程。分水鱼嘴、飞沙堰、宝瓶口的宏伟实践交相辉映，共同构成了蜀地治水文明的高峰。

汹涌江水激起了惊涛，但旱涝无常的岷江再也没有困扰百姓。“深淘滩、低作堰”，古人清淤河道的深度，保证内江灌区的进水量。飞沙堰修筑高度低于内江河道，确保

排沙泄洪的效率。一个尖头的长条滩地伫立在岷江之上，上游来水的时候，将凶猛的洪水一分为二。

从“鱼嘴”到“离堆”之间的金刚堤，西面原有岷江河道叫作“外江”，东面的河道叫作“内江”。“内江”是人工导流渠，每年到了枯水期就组织工人对“内江”进行掏挖，挖得比外江低。这样就解决了枯水期江水难流入宝瓶口的问题。由于内江被挖得比外江深，当丰水季节来临的时候，江水的表层清水会抢进内江，而江水的底层浊水就会流入较高的外江。这就在很大程度上解决了泥沙淤塞内江的问题。

都江堰利用鹅卵石、特大竹笼等构建的分水滩地，不怕被水淹。即使水流淹没的时候，该分流滩地也会继续分流。密如蛛网的河渠，再大的洪峰也可以被分割成许多条水道，在“分合”交接的洗礼中，气势汹汹的洪水被整得没有力气，只能乖乖听人摆布，这样，都江堰就用其匠心之处将大洪水慢慢驯服了。

“挖河沙，堆堤岸，砌鱼嘴，安羊圈；立湃阙，凿漏罐，笼编密，石装健；分四六，平潦旱，水画符，铁椿见”，清人的治水三字经道出了都江堰治水的秘密武器。“一物降一物”哲学理念把从牢笼里挣脱出来的“饥饿的洪水猛兽”人为控制成放射状的“羊群”，奔赴灌溉农田。润泽天府的古蜀水工遗产从远古流淌至今，岁月更替也无法抹杀其丰功伟绩。小小的都江堰，注定要以泽被千秋之态继续造福子孙后代。

28 中山坦洲的生态农业园

远山如黛、近水含烟，果树园林争相在生态园中扎根，牲畜悠然自在地吮吸着生态农业园里新鲜的空气，粮食蔬菜也在生气勃勃地和土壤对话，鸡鹅在草丛中觅食和嬉戏。平整的土地上孕育着生态圈，鱼塘里肥美的鱼儿在争相跳舞，它们最爱的食物是经处理后的“牛粪”，动物粪便里的营养物质让鱼儿甘之如饴。

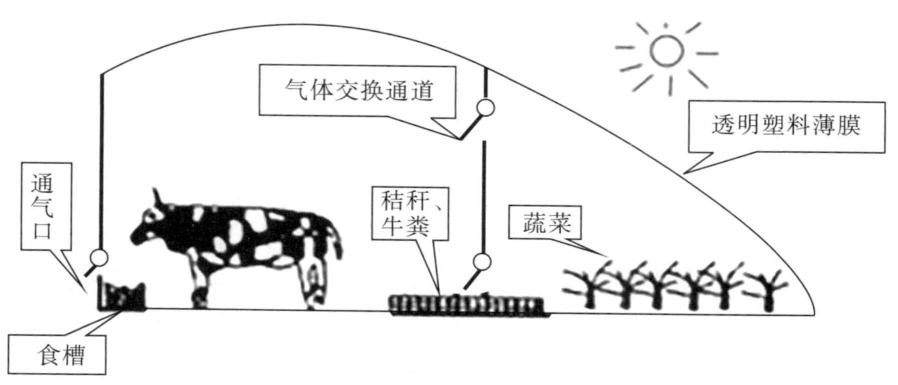

在中山这个小小的生态农业园里，生产者、消费者、分解者共同组成了一个相互依存的整体。生产者和分解者是不可缺少的生物成分，各类生物只有保持相对稳定，才能长期稳定发展。在坦洲这个生态农业园里，生产者负责吸收、利用太阳能后通过光合作用合成有机物，那绿油油的蔬菜就是最佳代表。由生产者固定的太阳能和合成的有机物是生态系统能量流动和物质循环的基础。

分解者属于异养生物，又称小型消费者。微生物如细菌、真菌等能分解复杂的动植物尸体，并释放出为生产者所能重新利用的简单化合物，分解者在生态系统的循环机制中也不可缺少，若没有分解者，地球上将被动植物的遗骸所充斥，而养分元素也被束缚于其中，就不可能进行循环了，所以分解者在生态系统的物质循环中也起着非常重要的作用。动物粪便经过分解者日夜辛劳地“加工”，又重新成为消费者的养料，如此循环往复，在生态园里构筑一个快乐天地。

生态农业园里的草都是特地种的，以草除草，可以有效抑制其他杂草；有草就有虫，虫可以给散养的鸡鹅提供食物；草可以给生态农业园里的羊、猪作饲料。即便是草腐烂了也可以成为肥料，从而改良土壤。果园旁新修建的大棚是一层钢架，隔出了上下两个空间，架上是几十只羊，架下是铺着醋糟的猪圈，里面有大大小小的猪。用醋糟制作的发酵床，羊的粪便落下来之后，利用猪拱地的天性，通过掩盖、翻耘、发酵等环节，消除了异味，腐熟后成为果园肥料。中山坦洲的生态农业园实现了树下种草，养鸡鹅，鸡鹅吃虫，羊和猪吃草，鸡、鹅、羊、猪的粪便变成有机肥回归果园，循环农业实现了有机生产。中山坦洲凭借得天独厚的优势构建了有机发展的现代生态农业，是名副其实的现代版“富春山居图”。

29 流淌的花卉园艺

南粤大地上，袅娜着沁人心脾的芬芳。园林得到了美化，花卉种植成为广东新一代的“朝阳产业”。各色的郁金香争相流淌，在绿茵上舒展着筋骨。红的、黄的、粉的、紫的，盈盈欲滴，在花的摇篮里相互簇拥着。月季花姿态万千，有的花瓣藏而不露，就像睡着的初生婴儿；有的迎风招摇，就像欢迎贵客到来的礼仪小姐。这烂漫的花遍野，好像天上掉落的彩虹，又好像无意泼彩而成的油画。

园艺业的起源可追溯到农业发展的早期阶段。石器时代已经开始栽培棕枣、无花果、油橄榄、葡萄和洋葱等。埃及文明极盛时期，园艺业生产也渐趋发达，如香蕉、柠檬、石榴、黄瓜、扁豆、大蒜、莴苣、蔷薇等都有栽培。在古罗马时期的农业著作中，提到果树嫁接和水果贮藏等，当时就已有用云母片盖的原始型温室进行蔬菜栽培。贵族庄园则追求更为高尚的品位，栽培各种观赏用的花草，如百合、玫瑰、紫罗兰、鸢尾、万寿菊等。园艺业种类多样，而最美代表当属花卉产业了。

广东地处东部季风区，属于亚热带季风气候，适宜的温度加上雨热同期的优良条件让鲜花可以无忧无虑地开放。花卉的生长离不开土地的支持，良好的地形让花卉这一种园艺业发展壮大。广东地区地势较为平坦，由平原、低山和丘陵组成，花卉也可以安心地在这里铺展。除此以外，水系发达、河流众多也可以为花卉生长提供充足的水源。随着广东经济水平的提升，大量外来劳动力人口资源为花卉园艺的发展提供了帮助——既有园艺业技术的科技支撑，也有劳动力资源充足的优势。

我生活的中山地区，在小榄镇每年都有菊花展览。菊花露出鹅黄的花蕊，在纷飞的落叶中昂首挺胸，“兰有秀兮菊有芳，怀佳人兮不能忘”，蔓延的金黄色随着秋风摇曳。游览时，我不自觉地发现菊花竟能组成各种动物——采蜜的蜂、腾飞的龙、奔跃的马，栩栩如生，惟妙惟肖地点缀着菊花会。

流淌的花卉园艺在广东地区书写着新的篇章，随着城市化进程的加快，城市化水平的提升让广东园艺业发展迅速，素有“花城”之称的广州，园艺业也助力装扮着美丽的大城市。

微风轻拂着花瓣，却不敢惊扰了它们的睡态。在一抹绿下，花的海洋洋溢着欢乐的气氛，衬托着花朵的可爱与娇媚。聚集在叶片下的几只蝴蝶，微微张开翅膀，惬意得吮吸着花蜜，停在空中岿然不动，等心满意足地“饱餐一顿”后，才姗姗离去。一簇簇、一朵朵、一瓣瓣，汇成流淌的花河。整个园子荡起了色彩斑斓的波浪，馥郁的香气萦绕在空中，美丽的花坛让我走近“艺术鉴赏”的天堂，镶嵌在心中的浪漫在花的包围中肆意奔放。

30 从“六尺巷”谈区域划分

六尺巷传说是安徽桐城的地方民间传说故事。这是一则发生在清代康熙年间，桐城境内的一桩脍炙人口的民间故事。大学士张英的府邸与吴姓相邻。吴姓盖房欲占张家隙地，双方发生纠纷，告到县衙。因两家都是高官望族，县官欲偏袒相府，但又难以定夺，连称凭相爷做主。相府家人遂驰书京都，张英阅罢，立即批诗寄回，诗曰：“千里家书只为墙，让他三尺又何妨。万里长城今犹在，不见当年秦始皇。”家人得诗，旋即拆让三尺，吴姓深为感动，也连让出三尺。于是，便形成了一条六尺宽的巷道。

每个区域的自然地理特征是不一样的，同时在特定的自然环境影响下的人类活动也不一样，这叫区域差异。为了充分尊重区域，人类通常根据一定的指标来划分区域。

用某项指标或某几个特定指标的结合，在地球表面划分出具有一定范围的连续而不分离的单位。

在同一个区域内，某些特征是相似的。在中国区域划分中，最典型的界线是秦岭—淮河一线。从气温来说，是 1 月月平均气温 0℃ 等温线，该线以南是亚热带，该线以北是暖温带，该线以南是亚热带常绿阔叶林，该线以北是温带落叶阔叶林。从降水的角度来说，该线以北年降水量小于800mm，为半湿润区，该线以南年降水量大于800mm，为湿润区。区域的划分对人类活动非常有指导意义。该线以南的耕作方式是水田，以北的耕作方式是旱地，该线以南的主要粮食作物是水稻，以北的主要粮食作物是小麦。该线以北是北方，以南是南方。总体上来讲，北方和南方很多习俗是不一样的，正可谓“一方山水养育一方人”。可是有个朋友1月份去了淮河附近，在淮河两岸徘徊了很久，就是没有找到0℃那条等值线，更可气的是他居然发现淮河两岸的农田都有种水稻，也有种小麦的。他不明白这种自然分界线其实并没有明确的界线，去到东北平原也可能看到金灿灿的水稻。一般只有行政区区划才有明确的界线。从高速公路一路向北，出广东的时候，你会看到一行亲切的字：“欢迎您再次来到广东”，或者你从湖南进入广东的时候，你会看到“广东人民欢迎您”，说明湖南省和广东省是有明确界线的。

31 北京四合院

四面的房屋围成了一个“口”字，黑色瓦楞与米白色的横条相间，浓淡疏密地排列，是诗情的设置，更是画意的安排。建筑之美的摇曳和艺术的光芒在太阳的荡漾下完全相同，层次里包含着鳞次栉比，使整个四合院构造有立体感和渗透感的画面。声、光、色、味在四合院的墙帷中散落，在历史的酝酿中古老而不失自然。青砖灰瓦粉饰的外观，流淌着朴素和舒适。

四合院的基本特点是按南北轴线对称布置房屋和院落，一般为坐北朝南，大门一般开在东南角，门内建有影壁，因此外人看不到院内的活动。正房位于中轴线上，侧面为耳房及左右厢房。正房是长辈的起居室，厢房则供晚辈起居用，这种庄重的布局体现了华北人民正统、严谨的传统性格，正是“天人合一”最佳的体现方式。北京地区属于温带季风气候，冬春季节寒冷干燥、多风沙。因此住宅设计注重保温防寒和避风沙，于是会在外围砌砖墙，冬季来临时，让整个院落被房屋与墙垣包围。硬山式屋顶让墙壁和房顶都比较厚实，对居住在内的人起到良好的保护作用，不至于被寒风侵袭。北京夏季炎热多雨，露天通透的庭院既是入风口也是出风口，四合院让人们可以在夏天有效地遮阴纳凉。

四合院的“四方”观念源于古老的“天圆地方”的学说。《周易·说卦传》“乾为天、为圆，为君为父”“坤为地，为母、为方”，古人对宇宙结构的认识与当时人们肉眼所能看到的范围和水平相关。在建筑中，既然是“四方”，所以在院落中四面都要建

成房子，中心自然而然被围成一个院子。按照中国古代的五行理论，“土居中”，院落的土地就位于全院的中心。方形的地有四个边、四个角，在“天圆地方”的理论支撑下，东南西北均有所布置，形成了整体和谐的格局。

四合院在历史的年轮里淡勾云彩、轻描倩影，铺陈的岁月细腻地绘出北京人的智慧，在平凡中创造让人沉醉的意境。

32 火神山与西藏

“荆楚发祥地，祝融驱瘟神。五行火克金，祈福灭鬼魅。”这是节选自布建忠《祈福火神山》的短诗片段，发布于火神山医院建设完工的当日。在七千余名建设者的日夜鏖战下，火神山医院从开工到建成仅间隔十日，建筑面积达 3. 39 万平方米，创造了惊叹世界的“中国速度”。

说到“火神山”之名的由来，其实“火神山”并非命名自医院属地之名，这个名字是凝聚了建设者们的希冀、赋予了特殊文化意涵的命名。楚文化传说中的湖北乃是古代楚国属地，而楚国人被认为是火神祝融的后代，祝融则是黄帝的子孙。在古代五行说的理论中，人的肺部五行属金，而火是克制金的。新型冠状病毒荼毒人的肺部，引发肺部发炎，火神正好能驱除瘟神，于是“火神山”之名便应运而生了。

那么，火神山医院的选址又是出于怎样的考量呢?

武汉火神山医院位于武汉市蔡甸区知音湖大道，知音湖大道是一条主干道，交通相对来说比较便利，建筑材料的运输十分方便。火神山医院位于城郊，对人口密集的主城区影响比较小，附近有大面积的湖泊和绿化带进行隔离，不仅能够有效阻滞病毒的传播速度，也能够很好地减少对主城区的影响。医院毗邻后官湖国家湿地公园，后官湖区面积广阔，为蔡甸区境内的第二大湖泊，山清水秀，风光旖旎，景色十分优美，十分适合休养生息、养病疗伤。此外，这一片郊区的后备土地资源充足，能够很好地支持火神山医院的建设。

火神山医院的建设速度之所以能够让世界惊叹，离不开各方力量的努力。武汉市作为湖北省的省会城市，拥有雄厚的工业基础，交通和通信设施都比较完备，人员、物资和信息的流通都很便利，因此可以短时间内集中人员和物资。此外，火神山医院的建设得到了国家政策以及有力的经费和物资支持，全民参与抗疫的热情和决心，从各地赶来的抗疫志愿者也是火神山能够创造“中国速度”的原因。

和武汉形成鲜明对比的是西藏自治区。它被人们称为疫情下的“一方净土”，因为西藏自治区是我国新型冠状病毒肺炎确诊患者最少的地区。春节返乡期间人员流动量大，大家摩肩接踵地踏上返乡的旅程，因此这样的情况让新型冠状病毒大肆传播有了可乘之机。但是，藏历的新年比春节晚了将近一个月，这个时候返藏人员还比较少，减少了病毒输入的可能。西藏是夏季避暑的旅游胜地，但是在寒冷的冬季，西藏的旅游业迎来了淡季，因此很少外来人口进藏旅游，况且西藏幅员广阔、人口密度很低，病毒难以传播。西藏地形复杂多样、景象万千，有高峻逶迤的山脉，陡峭深切的沟峡以及冰川、裸石、戈壁等多种地貌类型，这也是西藏天然的隔离屏障。

青山一道同风雨，明月何曾是两乡。无论我们身处何方，都是祖国抗疫不可或缺的一束微光，我们从来都不是在抗疫的艰难旅途中踽踽独行，而总是风月同天、齐心协力地众志成城。

33 陈实的家城市化了

霓虹散射在城市的整个夜空，喧嚣与忙碌漫步于繁华的街头，人潮涌动，每个人都在奔赴自己的目的地，从不停歇。高楼在这个小镇拔地而起，农田被改造，用钢筋水泥浇筑的城市褪去了农村有温度的人情，转而在追求时间和效率上快马加鞭，这是中国当今社会的常态。

陈实站在自家18层的阳台上，抽了一根又一根烟，吸一口烟，一团白色的烟雾又缓缓从嘴里吐出来，模糊了眼睛，抓蜻蜓、照青蛙、捉知了的经历留在了童年那一片金黄的农地里。

在高楼林立的城市里陈实度过了三十个春秋，怀念从前老家宅子的味道，更眷恋儿时和伙伴在田地里追逐的时光。农忙时节，帮家人收水稻、捉害虫，在荒地里耕种瓜果。一片水泥地里“盛满”稻谷，在太阳的烘烤下闪着刺眼的金光。夕阳西下，总喜欢在乡间的小路上感受清风徐来，泥巴俏皮地粘在脚丫子上，满山遍野的花随风飘散……

大量农村人口迁入城市，为城市注入了活力，促进了城市经济发展。随着人口规模的扩大，而今城市的用地规模也在不断扩大，城市功能区也随之发生布局调整，原来的乡村不断出现住宅小区，促进了城市化的发展。曾经五音不全的小姑娘，现在变成了街头的大妈，三五一群聚在一起跳起了广场舞，广场舞成了这个城市一道靓丽的风景。酒楼里蒸腾的烟火气，公园里孩提的笑声，组成了这个城市最鲜活的文明。

社会总是向前发展的，人类也在不断谋求进步，在农地里和伙伴追逐的快乐或许留在记忆里会显得更加美好，在城市的灯红酒绿里和三五知己小酌几杯难道不是一件怡情之事？华灯初上，城市的文明照亮了万家灯火，整片沉睡的夜空显得熠熠生辉。

34 广东穿裤衩的“老板”

几年前，我和几位朋友打算去重庆，路过贵州时，约见了一位贵州师范大学音乐学院毕业的老朋友。当时夜深人静，街道两旁并没有什么人会注意我们的形象，但是贵州兄弟仍然西装革履出来迎接我们。和贵州兄弟截然相反的是，我和我们其中一位朋友穿着短袖衣、休闲短裤，踩着一双街边随处可买的拖鞋。为了缓和这种强烈反差带来的尴尬局面，另一位同行的朋友打趣说，在广东街头穿着背心、短裤、拖鞋的一般都是老板，一不小心家产就是上亿。与传统观念中对富豪穿着的认知大相径庭，社会上常流传背心、短裤、拖鞋是广东“土豪”的标配。

我不是老板，我也不是“土豪”，我只是一个平凡普通的老师，但是在广东人穿着的“耳濡目染”下，我也习惯了这种标配。我长期在广东生活，广东的纬度低，长夏无冬，气候炎热，夏季高温多雨，穿着短裤、背心比较凉快，所以无论你身家过亿还

是身无分文，都喜欢凉快的装扮。尤其到了夏季，广东天气变化较快，常穿拖鞋出门以防被暴雨袭击。况且“食在广州”，广东人有吃夜宵的习惯，有时候在家里冲完凉了，朋友一吆喝，穿着背心、短裤、拖鞋就出门了，倒也方便。

前不久，在广东出现了一位“土豪”阿伯，身穿7.9元的白色背心、14.9元的运动裤头、20元的老人防滑拖鞋，如此朴素的衣着下却隐藏着不菲的存款，在宝马4S店一口气购买了6部宝马7系。如此强大的反差，让消息不胫而走，当天广东的车友群、朋友圈都传遍了。很多网友都表示：既然是广东人，那就属于正常现象。不得不承认，“土豪”的世界我们不懂，“土豪”的数量我们也不懂，至于广东人为什么有这样低调的现象呢？我总结起来除了气候因素和夜宵饮食习惯外，还有以下三点原因：第一，广东人对衣服品牌的敏感度极低，广东很多身价上亿的“土豪”，都穿着十来块钱的拖鞋和普通的白背心上街。第二，他们有着一种根深蒂固的教育观念，特别是在早些年下海的老一辈，他们坚信“富不可露脸，贵不可张扬”。第三，广东人消费观念比较实际，他们更加趋向于花多少钱办多少事，既不愿向别人借钱，也不愿借钱给别人，他们奉承不借钱一身轻，不放债同样一身轻的习惯。

当然，为什么广东老板穿着这么随意，或许也和突如其来的发家致富有关。20世纪八九十年代，广东的工业是以劳动力密集型工业为主，对技术水平要求不高，一个文化水平不高的人，稍微有点资本或者有点“关系”都有可能成为“暴发户”。钱包虽然鼓起来了，但是他们的行为习惯还是比较接地气。改革开放四十多年，广东的经济发展速度快，城市化进程也快，很多城市由于旧房拆迁或者征收土地催生了很多“隐形富豪”，他们的身家不是常人能想象的。钱对于他们来说只是数字游戏，并不是生活的救济。前些年，中山南朗镇的关塘村，地产公司征收村里土地，每人补偿300多万元。我们单位有一位保安，正是关塘村人，他家得到的补偿款就有1 000多万元，这样的“巨款”是我们普通老百姓望尘莫及的。但富裕了之后，我每天去菜市场买菜都会看到他穿着背心、短裤、拖鞋在门口的小店吃早餐。钱包鼓了，但是他的消费习惯还是很接地气，并没有去五星级大酒店享受人生。广东人的富裕超乎我想象，不要以为人家只是小保安就身无分文，不要以为人家穿着背心、短裤、人字拖就是穷人。广东老板低调得让人看不出来他是老板，“富得流油，穿得随意”，也在意料之内。

背心、拖鞋、短裤的搭配虽然很随意，但是却绝对不容轻视。所以在广东不要瞧不起任何一个“邋遢”的人，因为你永远不知道普通的“皮囊”下是否蕴藏“千万资产”的豪情。毕竟广东人有句谚语深得我心“扮猪吃老虎，输给别人都不清楚”。

从人文地理的角度来分析广东地区这种“随意”的穿着，似乎也有一番新意。

35 背井离乡

少小离家老大回，乡音无改鬓毛衰。儿童相见不相识，笑问客从何处来。——贺知章《回乡偶书》

人生易老，世事沧桑，这首流传千古的名作传达出了多少漂泊异乡游子们的心酸感慨。诗人贺知章37岁考中状元，自此离开故土开启了遥远的官宦之路。公元744年也就是他86岁那年，才辞去朝廷官职，返回故乡越州永兴（今浙江萧山），此时距他中年离乡已近五十个年头了。

这种“少小离家老大回”的情形在我国由来已久。古时因战乱、求学或自然灾害被迫迁徙，离开家乡的例子屡见不鲜。然而新中国成立后至20世纪80年代初，因国家户籍制度较为严格，人口迁移难度大。除非响应国家号召，支援边疆建设如开发北大荒、加入生产建设兵团等，才有人口流动的可能。

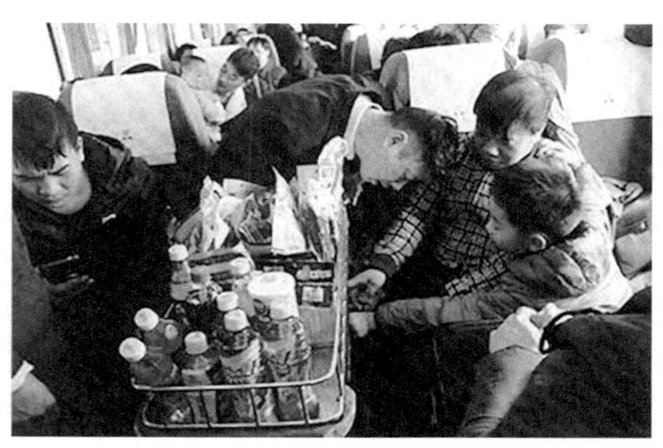

有人根据《回乡偶书》改编出了一首打油诗——“瘦小离家胖了回，乡音未改肉成堆。儿童相见不相识，惊问胖子你是谁”。“瘦小”反映家乡经济条件比较落后。“胖了回”反映去往打工的地方经济发达，生活条件相对较好。有人把20世纪80年代后我国的人口迁移特点总结为“孔雀东南飞”，大部分人从经济落后的中西部地区向东南沿海经济发达地区迁移。受改革开放政策影响，人口迁移的主动性增强。但是外出打工者大多数以青壮年劳动力为主，留在家乡的老人和儿童变成了留守人群，造成了一个隐性的社会问题。

《归来》“头发烫个黄毛卷，衣服穿得像老板，光鲜亮丽回到家，谁知在外非常惨”，新潮的发型和时尚的服装最早在经济发达地区流行。随着打工者的返乡也被传入经济较为落后的地区，这反映出人口迁徙还能够促进两地文化交流。20世纪80年代后期，珠江三角洲的大部分产业以劳动力密集型为主，劳动者不仅工作时薪低且工作时间长、劳动强度大。“谁知在外非常惨”，这也打趣的说明了当时外出打工者的辛劳。

《火车》“啤酒饮料矿泉水，买不起的抬下腿，香烟瓜子口香糖，买不起的闪一旁”描述的是打工者在火车上的状况。这是我在广州读大学期间每年春节回老家时的亲身经历。当时的主要交通工具是绿皮火车，每节车厢额定人数一百多人，但是春运期间经常超额承载，经常塞满三四百人，整节车厢几乎没有落脚之处。除此之外，烟酒味、汗臭味、各种食物的味道混杂其中，令人作呕。更让人无法忍受的是叫卖的售货车，车一推来，过道里的人都得挤到座位上……

那个年代的背井离乡的人，为了更加美好的生活，纷纷外出务工，造就了当时中国独特的人口迁移现象。

36 山亦有情山有爱

婚恋中独特的地缘因素书写着最传统质朴的情感，当自然地理条件和社会经济文化条件交相呼应时，婚恋行为也源于独特的地理情怀，走进黔东南侗族的婚恋习俗，看看如何在“山中”寻觅爱情。

侗族婚恋流传着一句俗语“初会玩山打基础，架桥结伴建感情，托媒礼聘论婚嫁，择日婚嫁讨八字，新娘上路打新伞，参加婚礼讨布鞋，六年考验才归家”。

所谓“玩山”是指男女青年在山上对歌，确定是“有缘人”后就会“谈情说爱”，“玩山”也是男女之间走向婚姻殿堂的第一步。“有缘人”通过劳动、赶场走客、节日活动等方式初会，约定下一次“玩山”的时间和地点。

在村头寨尾的山坡上，时常回荡着男女相约的情愫。约会时间一旦确定，无论刮风下雨，男女双方均得赴约。先到的那一方会在路边将茅草扎成一个“表”作标志，做“表”时根据自己的喜好做成任意形状，“表”的大小也可随心所欲。一方做完后插在约定的地点，告诉对方已经到了，只要对方歌声响起，先到的一方就会出来，“以歌传情”回荡在山地的各个角落。

“玩山”情歌可分为“初相会”“新的伴”“久的伴”三个环节，开始“玩山”是集体活动，一方少则三五人，多则八九人。第一次“玩山”叫初相会，男女双方通过对话和对山歌的形式相互表达有缘相会的内心感情。往后的交往渐渐从“玩山”转为“架桥结伴”。

双方互赠信物，在山上唱歌许愿，“架桥结伴”于是有了承载之体。山多平原少的侗族聚居地在山巅架起沟通之桥，充满爱意的音波随悠扬的山风传到爱人耳中，你来我往、情意绵绵。男女双方确定婚配后，男方去迎亲，队伍人数要八人以上而且要为双数。新娘出门时，要由自己的亲兄弟从堂屋背起，走在铺有深蓝色佳积布的长凳上，

越过门槛，当中不准碰及家人和屋壁，寓意出嫁顺利。新娘上路，右手要打一把新伞，左手要带上一张新毛巾，表示风雨无阻。参加婚礼的亲戚朋友要先请新娘到井中挑新水煮油茶，油茶煮熟后，要由新娘子亲手端起油茶敬奉亲戚朋友，寓意吉祥。

山路延绵，“逢山开路，遇水搭桥”的毅力确实需要在恋爱双方的心里牢固树立，“玩山”之习俗也源于当地多山的地形，人人都说“一方水土养一方人”，我却认为“一尊地理环境养两方情”。

37 劳动创造幸福

马克思告诉我们，物质生产是“一切历史的基本条件”，有了人类的劳动，才有满足人类生存必需的前提，才产生了生活和历史。人只有在劳动中才能创造和实现人生价值。随着时代进一步发展，劳动在发展中的作用愈加重要。

什么是劳动？劳动是“锄禾日当午，汗滴禾下土”的一分耕耘、一分收获；劳动是“布谷飞飞劝早耕，春锄扑扑趁春晴”辛勤繁忙的耕作图景；劳动是“田父草际归，村童雨中牧”，是老农播下的希望种子。经过几千年的奋斗与磨炼，我们民族形成了许多优秀品质。其中最为突出也是最为重要的莫过于热爱劳动与勤奋劳动，以勤劳俭朴为荣、以不劳而获为耻。

如今的我们虽然更加注重理论的学习，但对体力劳动的重视程度却远远不够。

2020 年 3 月，中共中央国务院出台《关于加强新时代大中小学劳动教育的意见》，意见指出，要把准劳动教育价值取向，引导学生树立正确的劳动观，崇尚劳动、尊重劳动，增强对劳动人民的感情；强化实践体验，让学生亲历劳动过程；拓宽劳动教育途径，整合家庭、学校、社会各方面力量；结合当地自然、经济、文化等方面条件，宜工则工、宜农则农，采取多种方式开展劳动教育。可见国家对劳动教育的重视程度进一步加强。无独有偶，2020 年 10 月 16 日，也就是第 40 个世界粮食日上，习近平提出要“端牢中国饭碗、共筑全球粮安”。而只有了解粮食生产过程，才能让参与其中的个体更懂得粮食来之不易，从小处做起，杜绝浪费。人类认识的最终目的还是为了指导实践，如果我们仅重视脑力劳动而轻体力劳动，那么再好的想法也无法成为现实。

改革开放四十多年来，小康社会初步建成，深圳崛起，高铁腾飞，“天眼”不断地寻找着宇宙的秘密，中国企业越来越多地走出去，浦东也站立在了世界的潮头。不论是上海还是深圳，抑或是高铁和“天眼”，都是由人设计与建造而成的。这一件件让国人无比骄傲的成就，归根到底都与人们的辛勤劳动密不可分。劳动不仅推动着国家和社会的发展，对于我们个人而言意义也是重大的。

现实生活中，许多人不理解劳动，不愿意劳动。有的说：“我们学习这么忙，劳动太占时间了！”有的说：“科技进步这么快，劳动的事，以后可以交给人工智能啊！”也有的说：“劳动这么苦，这么累，干嘛非得自己干？花点钱让别人去做好了！”此外，我们身边也还有着一些不尊重劳动的现象。由于劳动本身的特点，体力劳动往往被人们说成是“又脏又累”的活。殊不知正是在这样的劳动中，我们一方面能够学到更先进有效的劳动方式，另一方面，劳动对我们的意志力和忍耐力的提升也有很大的帮助。它所带给我们的精神力量不仅可以指导我们的学习，即脑力劳动，同时它也是帮助我们改掉懒惰习惯的有效方式。

劳动可以强健体魄。经常劳动的人，肌纤维不一样，对疾病的抵抗力强，身体组织强。而健康的身体是通往幸福之路的基石。劳动可以锤炼意志，规定的时间内完成劳动任务，加之一定的劳动强度，需要极强的意志品质。一个养成劳动习惯的人，其意志理应强于缺乏劳动经验的人。他们面对困难往往也有着更为坚定的决心和不阿的毅力，决心和毅力是通往幸福之路的保障。经常劳动还能够培养能力、提升思维。在劳动过程中，对劳动的各环节快速做好统筹安排，有利于提高劳动者的抉择能力和统筹能力。而这，也是创造幸福的一种能力。

鲁迅先生说过："伟大的成绩与辛勤的劳动总是成正比例的，付出的劳动越多，创造的幸福就越多。"勤奋劳动能创造丰厚的物质条件，富足的物质的确在一定程度上使人获得幸福感，但是纯粹以物质为基础的幸福并不能持久，因为物质欲望是无穷尽的。幸福就只是生活安逸吗？幸福就只是在觥筹交错之间，只是满足口腹之欲吗？不是的，辛苦劳动过后，为别人创造幸福，也会为自己带来更长久的幸福感。抗震救灾的解放军战士，昼夜不停，用自己的双手，用自己的血肉之躯，为灾区人民筑起安全的屏障。2020 年新型冠状病毒肺炎疫情期间，全国各地的医生和护士积极前往武汉，支援对新型冠状病毒肺炎患者的抢救和治疗。他们用自己的劳动换得了他人的幸福，自己也得到了更为深刻的幸福感。劳动带给人更多的是精神层面的幸福。

习总书记在全国劳动模范和先进工作者表彰大会上说："全面建成小康社会，进而建成富强民主文明和谐的社会主义现代化国家，根本上靠劳动、靠劳动者创造。中华民族是勤于劳动、善于创造的民族。正是因为劳动创造，我们拥有了历史的辉煌；也正是因为劳动创造，我们拥有了今天的成就。"这句话并不单单是对全国劳模的表彰，更是对我们所有人说的。以劳动托起中国梦，我们还在路上。

38 劳动创造幸福有感

“世界上是没有一种具有真正价值的东西，可以不经过辛勤劳动而得到的。”10 月 17 日，地理组的黄老师和马老师带领我们 5 位同学来到了泮沙企岭农场进行课外劳动学习，这一次的课外学习活动，让我对“劳动创造幸福”这六个字产生了新的思考。

劳动创造世界，劳动创造幸福。是劳动让一座座高楼大厦拔地而起，是劳动让现代化高速公路建成，是劳动让浩瀚的荒原变成了亩亩良田。来到农场，首先学习的就是割禾。一位农场里的姐姐带好手套拿起刀给我们做示范。她两腿分开弓着腰，弯着背，左手抓住禾根，右手握着刀向内割。接下来是打谷，姐姐拿着刚割的禾尽力地向桶里的“梯子”打去，但这样打了好几株还不够平时的一碗饭。我们盘中餐的白米饭都是足蒸暑土气、背灼炎天光的农民伯伯一株株割下来的再一粒粒打出来的。他们力尽不知热，但惜夏日长，他们用勤劳的双手编织这个五彩的世界，为人类创造幸福。

我们中华民族一直以勤劳智慧闻名于世，雄伟壮阔的万里长城，严肃庄严的紫禁城，使每一位观光游览者为它那浩大的工程而赞叹。秦汉时期的都江堰和隋唐时期的赵州桥，这些凝聚着中华民族勤劳智慧结晶的工程，向世界展示了中华民族能屹立于世界之林的能力。

时代在变，而劳动永不变。我们新时代中的新青年接过时代的火炬，背负起复兴中华、圆梦中华的伟大使命。让我们在劳动中创造价值，实现青春的美丽。让我们用勤劳的双手共筑盛世，共同创造幸福。

——中山纪念中学 2022 届 27 班罗晓彤

对土豆的认识：我知道需要用土豆块来种土豆，但我之前不知道的是土豆在切块的时候并不是随便切的，而是一定要保留一个凹进去的小坑——芽眼，这样土豆块才能成功发芽。很多人根据生活常识应该会认为播种时需要及时浇水、保持一定湿度才能发芽吧？然而种土豆却不是这样的——如果把土豆块埋进土壤后就立马浇水，反而会导致土豆烂在地里无法发芽。土豆怕涝，因此种植在田垄上可以有效避免积水，及时排水。埋好土豆还要铺一层稻草，用于遮光、防寒、保暖。可能有人会问了：为什么不能覆上地膜呢？因为地膜不能让水分及时蒸发出去，导致膜内水分聚积过多，湿度太大，最终导致土豆腐烂。当然，种植土豆的时间很重要，因为土豆这种作物性喜冷凉，不耐高温，所以中山这里种植土豆基本都是在秋季。这样刚好可以在收完第二期水稻的时候种，合理利用闲置土地，毕竟虽然这里可以一年三熟，但种第三期水稻还是有点勉强的。

我认为很多知识并不是光靠看书就能了解到的，还需要自己在生活中多去观察，多去提问，多去体验，才能发现其中与书本不一样的细节。生活处处皆学问，如果光看书，不结合生活实际的话，无异于纸上谈兵。就好像我们做地理题的时候，如果不看材料，只根据课本上的知识点就作答，大部分时候都是错误的。

——中山纪念中学 2022 届 27 班朱琪瑶

39 有机蔬菜的家园

冰菜、紫叶甜菜、樱桃番茄、板栗南瓜等在水培管里探出了头，在三层棚架结构与燃油暖风机增温设备相结合的呵护下茁壮成长。有机蔬菜们安分地“躺”在大棚里，在小小的管里默默汲取着自己需要的养分。

来到大棚就被“热气腾腾”包围着，蔬菜们就像准备着运动会的选手，一排排、一列列整齐地站好，蓄势待发。它们在热气的包裹下露出了豆大的“汗珠”，好像刚刚跑完接力赛还来不及休息。生态农业生产把田园风光和自然环境融为一体，集中安放在大棚里。蔬菜们可以自由自在地享乐，在大棚家园里回归自然、享受自然，在温暖宜居的环境下繁衍生息。

大棚具有保温作用和大气逆辐射有关，以隔绝热交换为主来起到保温作用。大棚保暖增温的机制主要体现在：覆盖膜对太阳光基本透明，而对温室内地面发射的长波辐射较少透过。热量透过覆盖膜进来多，而出去少，阻止热量外逸；覆盖膜使温室内的凝结潜热只能在温室释放；温室内使用一些肥料时也会产生保温效应。

可持续发展理论指导着有机蔬菜家园的建设，菜农们注重大棚的光热以及自然生态平衡，以绿色科技创新为依托，减少环境污染，为蔬菜的良好发展保驾护航。以“绿色环境”“绿色技术”“绿色产品”为主体，促使过分依赖化肥、农药的化学农业向主要依靠生物内在机制的生态农业转变，生产无公害、无污染、有益于人类健康的蔬菜。有机蔬菜的家园充分利用人类文明进步特别是科技发展的一切优秀成果，依靠科技进步和物质投入来为蔬菜的生长助力。在合理使用农饲料投入品的前提下，注重利用生物系统中能量的自然转移，重视资源的合理利用和保护，让有机蔬菜维持在良好的生态环境下。

有机蔬菜的家园融入现代集约化生产，既节省人力与物力，又能提高产量与品质。有机蔬菜的家园不仅仅是种植的场地，更应该是给大众科普的绝佳课室，可以通过介绍有机蔬菜的功能、栽培方式、用途等，来丰富人们对温室大棚里植物生长的认识。温室大棚不仅是有机蔬菜的家园，也可以是人类智慧的乐园。

40 教学楼那么美

红色的瓷砖贴在斑驳的墙壁上，阳光眷顾了部分的教学楼层，其他的只能遗憾地躲在阴影的角落。绿色琉璃屋顶在穹顶之下架起了三角的弧线，山花是在房顶立面上的一种缓坡的三角形山墙的花饰，曲线型更显流动之美。山花两边的矮墙，在檐上的位置。房檐翘起的棱角似乎是为排水“有意而为”，南方降水总是猝不及防，暴雨突如而至，“水漫金山”，斜三角的屋顶可以让雨水“顺流而下”，以防在房顶堆积。

南方气候夏季炎热多雨，高而尖的屋顶既利于排水，又利于通风散热。北方却大相径庭，由于降水较少，所以屋顶多建成平顶，这样既可节省建筑材料，还可兼作晾晒作物的场所。

花基里郁郁苍苍的树木显得十分挺拔，就像保护校园的卫士。桂花、凤凰树、木棉争相在校园里“安家”。小乔木质坚，枝干粗壮却不乏温柔，叶脉较大却不乏细腻，在墨绿色的衬托下细疏锯齿叶片微微显出凹凸不平之态。作为亚热带常绿阔叶林之一，

校园里的绿植四季常青。它们适合在全年湿润的中山地区生长，年均温在15℃以上，一般不超过22℃。冬季温暖，最冷月平均温度不低于0℃；夏季炎热潮湿，最热月平均温度为24～27℃。中山的年降水量大于1 000mm，且主要集中在夏季。由于雨热同期，特别有利于校园里树木的生长。冬季降雨虽少，但不存在明显的旱季。雨量充沛使得空气的湿度大，相对湿度平均为75%～80%，蒸发量小于降水量，湿润和温暖包围着校园里的树木，给它们茁壮成长提供源源不绝的养分。

宽阔的走廊，类似于广东传统民居骑楼，廊道可遮阳挡雨，方便学生和教师们行走。这些确实给地处炎热、潮湿地区的校园生活带来了很大的便利，适合中山的气候环境，受到学生们的欢迎。美丽的校园处处体现地理知识。

41 八旗红木的工匠精神

红木家具是我国文化和历史传承的见证。红木不仅仅作为一件家具供人使用，不仅仅作为一件艺术品供人欣赏，不仅仅作为一件收藏品供历史铭记，红木还可以熏陶出一种可贵的工匠精神。通过欣赏红木家具，从中可以体味到中国文化的博大精深，感悟古人的智慧。就像品味北京的四合院、景德镇的瓷器、苏杭的旗袍、云南的茶一样，让人震撼和惊奇。一尊红木，在卯榫、打磨的洗礼下见证着手工艺的奇迹。

八旗红木家具厂坐落在中山市沙溪镇，董事长是位年轻而有魄力、有思想的“80后”，虽然年纪轻轻，但他已经深谙工匠精神的内核。事必躬亲，打造最优良的红木。红木家具厂主营业务有二，一是为一些大品牌公司做加工，二是接订单做定制家具。客户可以选择让设计师现场设计，设计师的水平很高，从房间的尺寸、实际用途等方面都会做精细的考量。同时也会结合鲁班精神，引入风水学的科学理念，根据主人的喜好和特点加一些现代元素进去，内心笃定而着眼于细节的耐心。

设计师设计好后，一般回到工厂根据设计图纸进行加工，经过选材、裁料、烘干、机器加工、雕作、组装、刮磨、油漆等多道工序的反复确认才开始投入生产。现在的工厂大部分依赖自动化机械完成，工人们却不会闲着，积极地对每件产品、每道工序都凝神聚力、精益求精、追求极致的监测，让产品“零失误”。

各家具的零部件生产好后，再运输到目的地组装。组装也是个技术活，对工匠技术要求比较高。定制的家具一般没有固定模板，而且多为大型家具，组装的先后顺序每一样家具都不同，这时就需要工人们仔细核对家具部件，熟悉家具安装的工序和流程。八旗红木家具厂的工人总是孜孜不倦地反复核对拼装流程，确保拼接家具的“完好无损”，工匠精神在他们身上熠熠生辉地显现。

接触红木家具，犹如和历史展开精彩纷呈的对话。参观红木工厂，会不由自主惊叹红木的制作过程，每个环节都充满古人的智慧，不是“硬碰硬”地随意刻凿，而是顺着木性和纹理，在新的家具成品中还原红木的本性，所以红木家具才有木材“刚性品质”下的“柔”。

随着时代的交替，科技的更新迭代，老一辈的手工活在慢慢没落，成为镌刻在我们记忆深处的美好。红木工厂向世人展示了来自红木的不朽，讲述着机器打磨不出的传统手艺的故事。红木在工匠的汗水下千锤百炼，凝结出的工匠精神是社会文明进步的重要尺度、是中国制造前行的精神源泉、是企业竞争发展的品牌资本、是员工个人成长的道德指引。八旗红木家具厂在不断完善自身，在不断追求卓越的创造精神、精益求精的品质精神及用户至上的服务精神。八旗红木家具厂里不止有红木家具，更有工匠情怀。

看到此，你是否可以说出八旗红木家具厂发展的有利区位因素？

42 消失的是小店还是情怀

随着电子商务浪潮的侵入，网上购物成了现代人们获取生活必需品的首选途径。实体店似乎“可有可无”，在逐渐退出人们的记忆。我记得自己初来广东时，最爱到孙文西路步行街走走逛逛，欣赏着那些古老而沧桑的历史建筑物，有闲情逸致之时，还会用相机记录下它们的倩影。在彩色照片还是奢侈品的年代，我会细致端详建筑物的形态，在脑海中找到最佳构图后才小心翼翼地按下快门。我迷恋古建筑的艺术色彩，中西合璧的建筑风格。房檐上，精湛的木雕、灰塑是我相机的“常客”。广东特色的骑楼建筑是孙文西路步行街的一大特色，那时西关大屋、骑楼等岭南建筑还是随处可见的，没想到城市化进程竟然吞没了它们生存的空间。如今的骑楼只在夹缝中求生，借以“历史文物”的名义得以苟延残喘。

孙文西路步行街的历史、建筑、饮食、习俗、商贸等都记录在我那尘封的相机里，中山的文化将被网络的纷繁复杂所掩盖。今日当我再走进孙文西路步行街，我惊喜地发现它记载着石岐城区的形成和各个发展阶段，既具有历史文化欣赏价值，又有纪念和爱国教育意义。我拿出了智能手机，像以前那样精心挑选着拍摄的角度，用镜头记录下孙文西路步行街实体店的兴衰。

记得刚来到中山时，每到周末，我都会带着小孩遛一遛孙文西路步行街。每次来，这里都是人山人海、摩肩接踵，真可谓“望尘者接踵于道”。街道上热闹非凡、人声鼎沸，即使不买东西的人也要来感受下城市的繁花似锦。街道两旁店铺的吆喝声此起彼伏，“走一走看一看，走过路过，不要错过”“新产品，刚刚到，全国各地都知道。要看质量行不行，当场试验作证明。要看质量好不好，进来瞧瞧就知道。”店里的服务员分工明确，有的吆喝，有的导购，有的站在高高的凳子上观察，大家都忙得不亦乐乎，每间商店人来人往，商家似乎都赚得钵满盆满，整条街充满着人间“烟火气”。

随着信息技术和互联网技术的发展，人们的出行和购物方式也发生了明显的变化。网络购物平台走入了寻常百姓家。如今再去步行街，街道上不复往日的欢腾，冷冷清清，从街道这头一眼可以望到那头。曾经作为步行街最大的童装店店铺已经“悄然落幕”，现在转为了卖凉茶，店门口斜靠着一位漂亮的女孩子，无心工作，只顾着在低头玩着手机。旁边的手机店店门牌还在，可关闭的卷闸门上豁然写着几个大字“本店铺低价出租”。偶尔听到零星而无力的叫卖声，“挥泪抛售，一降再降，卖完为止”“谈价即卖出，回家种红薯”。有气无力的吆喝声与几年前的那种洪亮的气势形成鲜明对比。如今，面对“互联网＋”时代，我不禁在思考这些传统的服务业如何利用互联网平台和信息技术实现转型？

我喜欢在闲时周末的午后，捧着一杯菊花茶，来到孙文西路步行街街尾转角的那间书屋。它并不大，只能容下三个人左右的座位。书林林总总排满了书架，繁多而不杂乱。我喜欢随心所欲地挑选几本，然后津津有味地坐着读着，有时连晚饭都忘了吃。店里客人也不多，店家也是慵懒的文艺青年，有书陪伴就够了，他不在乎有没有客人，也不急着把店铺向互联网转型，他享受惬意而慵懒的阅读，他只在乎今天有没有读到自己喜欢的句子。有时我就在想是什么让他如此热爱阅读，不与时代随波逐流？是什么让他可以在喧闹的都市中找到属于自己的一片乐土？我也没有追问，因为我知道不是每一件事都要寻找答案，主要过程感到快乐便知足。

孙文西路步行街街尾转角的小店成了我内心最向往的“象牙塔”。在功利浮躁的现实社会中，总有各种欲望和诱惑蒙蔽着大众的双眼，每个人都忙于在奔波中寻找自己的生机，做事情也在毫无底线地追求“性价比”。消失在茫茫的商业海洋中的实体店为什么不能有自己的特色呢？一定要靠打价格战和便捷来取悦消费者吗？

互联网经济来势汹汹，不期而至，让世界的消费航道发生了改变。“快节奏”的网上商业交易被推上了神坛，实体店只能在落幕中逐步消亡。但每次我路过孙文西路步行街，这古老的历史建筑却仍记载着最单纯的生活，没有太多的功利追逐，只有不忘初心的志愿和救护。那种纯粹就好像逐渐消失的实体店，情怀又在慢慢燃烧。我仿佛又能看到阳光下那闪着金光的倒影，我欣喜地又泡上了一杯菊花茶，慢慢品尝。如此想想，实体店的店家何必急于转型？他们应该认识到这是一份无可取代的情怀。

43 三峡大坝

初遇三峡，是一个下雨的季节。河边垂柳的指尖把舱盖轻轻地柔抚，船在雨中缓缓划去。周围的山色原是浓的，一下子给雨冲淡了。三峡周围的树木用蓊郁歌颂生机，落日的余晖掩映着霞光，风送雨丝，轻轻地按压着我的肌肤，雨条在风中跳舞，然后我又不自觉与之共舞。

三峡原有乌云压在山峰，群鸟在雨的前奏洗礼中噗噗乱飞，狂风袭来，所有的花花草草在摇摆中显示出别样的慌张。顷刻雨大了，雨点击打三峡之水，仿佛投菜入油锅，发出刺耳的沙沙声，三峡的“雄姿”就这样闯进了我的脑海里。

三峡除了是一个著名的旅游景点外，三峡大坝的“作用”也是十分显著，防洪、发电、航运无一不能。“更立西江石壁，截断巫山云雨，高峡出平湖。神女应无恙，当惊世界殊”这是毛主席在三峡有感之发。新中国成立以来，国家领导人重视三峡大坝的建设，认为“治国先治水”“水利兴则天下兴”，三峡这个得天独厚的“枢纽”一定要加以重视。

“自宜昌而上，入峡行，改良此上游一段，当以水闸堰其水，使舟得以溯流而行，而又可资其水力”，“分级坝堰，改善航道，壅流发电”。1924 年孙中山在讲解《三民主义》之“民生主义”时，更具体提出了三峡水力开发问题，“像扬子江上游夔峡的水力，更是很大。有人考察从宜昌到万县一带的水力，可以发出三千万匹马力的电力，

像这样大的电力，比现在各国所发生的电力都要大得多。不但可以供给全国火车、电车和各种工厂之用，并且可以制造大宗的肥料。”

凶猛的洪水在大坝上交织喷薄，犹如万马奔腾，述说着不平凡的志向。长江哺育了中华民族，但也带来了让人心惊胆战的水患灾难。长江中下游以平原为主，俗话说“万里长江险在荆江”，湖北枝城到湖南岳阳城陵矶全长360千米的地段因地势平坦洪水宣泄不畅，上游洪水又常与湘水、沅水等相遇，荆江大堤洪水位常高出堤内10多米，溃堤事故并不鲜见。三峡大坝对防洪起着不可磨灭的功劳。三峡水库水位达175米时，防洪库容可达221.5亿立方米，能有效拦蓄宜昌以上的洪水。三峡水库已数十次进行防洪调度、成功拦洪错峰，在对保障荆江河段安全、使江汉平原沿岸人民远离洪水威胁中发挥了重大作用。

三峡大坝正处于长江上游来水进入中下游平原河道的“中间地带”，特殊的地理位置决定了三峡大坝的巨大库容及其作用——对上可以调蓄，对下可以补偿，每年四五月份需要灌溉的时候，三峡大坝就会“放水”滋养下游农田。每年八月份台风到来之际，就会蓄水，以免下游发生洪涝灾害。三峡大坝不但对防洪有显著作用，而且还能在枯水期补充河流水量不足的弊端，从而产生巨大的综合效益。

三峡大坝是世界有名的节能减排工程，是稳定全国电网的支撑电源，是“发电小能手”。三峡大坝由左岸电站、右岸电站、右岸地下电站和电源电站组成，三峡水电站最终总装机容量为2 250万千瓦，多年平均发电量为882亿千瓦时。在来水量正常的情况下，每年可提供近1 000亿千瓦时的清洁电能，可替代5 000万吨的燃煤、约减排1亿吨二氧化碳和150万吨二氧化硫，是应对气候变化、治理环境污染当之无愧的“清洁能源主力军”，也是我国西电东送的重要组成部分。

“自古川江不夜航”已经成为历史印迹，三峡水库蓄水前，川江航道不少江段还需人力拉纤，所以搁浅、触礁、翻船等事故多发。三峡大坝有蓄水功能后，重庆至宜昌

660余千米的航道和长江中下游枯水季节的航运条件大大改善，万吨级船队可由武汉直达重庆，年单向通过能力由1 000万吨级提高到5 000万吨级，大型客轮可昼夜双向航行，三峡船闸货运量也在逐年增加。

三峡大坝既见证着三峡“滔滔长江腾蛟龙，巍巍群山威虎雄”的吞吐之势，又发挥着自己防洪、蓄水发电的作用，让三峡存留“红蓼滩头，白鹭沙鸥，一江春水向东流”的柔情。“多功能”的三峡大坝从历史来，延伸到未来去，致力于为中华儿女的水利发展保驾护航。

44 厂长的困惑

方厂长近来可谓是郁闷透顶。

本来，方厂长自己觉得生活已然安稳富足。他经营着一家规模不算太大的床垫制造厂，也就百来人，他既是厂长，又是老板。方厂长每每回忆起自己白手起家的艰苦日子，便对现在拥有的一家小工厂已是心满意足。他的太太是个文化人，听说在市里最好的高中当教师，每次她来厂里都有一种与工厂格格不入的气场，但是她待人温柔随和，工人们都说这是方厂长上辈子修来的福气。方厂长的大儿子和小女儿都懂事听话，大儿子一放学就到厂里做作业，时不时还问关于工厂的很多问题，虽然问题略显幼稚，但是方厂长一想到要是儿子未来能够继承他的衣钵也是欣慰不已。原本这一切都按着既定的轨道运行，但是这一切又仿佛一下子全部变成压在他肩上的巨石，像一台纺织机将他的神经线悉数绷紧。

这一场突如其来的新型冠状病毒肺炎疫情就是所有矛盾的导火索。方厂长当时是租地建厂，近年来的租金是一涨再涨，租地那人是附近村的，那村的本地人都有一块自己的地，老一辈村民还在坚持耕种，但是新一代的年轻人可受不了这苦了，大多把地都租给工厂或者建起一栋楼房出租给外来务工的工人们。每次到了指定交租金的日子，厂长总要和那人攀谈一番“这租金怎么又涨了呀？这价格真是一发不可收拾了。”“没办法呀，方厂长，附近的地涨得比我这更厉害，要不是看在你和我是老相识了，今年可没这价了。你看这物价，况且最近越来越多工厂要进来，听说有一个什么什么集团还要来收购咧，我涨得算少啦！”这还没完，自从新型冠状病毒肺炎疫情以来，工厂迟迟不能开工，不少外来工人都在重点疫区不能回来工作，租金还要按时交付，厂里很快就要处于赤字状态，这才让方厂长头疼不已。更令人头疼的是，一些资历比较老的员工明里暗里要方厂长加薪，虽然厂长自己也觉得那些老员工工作辛苦理应加薪鼓

励，但是厂里今年接的订单少了，很难再抽出资金给他们加薪。贴出的招工启事也少有回应，倒是有寥寥几人来应聘，但最后都在要求加工资和拒绝的尴尬中结束。现在这种情况可谓是火烧眉毛——痛在眼前。

方厂长和太太考虑了一晚上，他们想将工厂迁到越南的龙江工业园，那里的劳动力成本、土地成本远低于中国国内，而且已经有不少企业工厂迁了过去，他们如果到了那里互相也可以有个照应。但是，方厂长看了看儿子和女儿的房间，想到他即将有数不清的夜晚无法陪在他们身边，想到自己身处异乡孤苦伶仃，又回想起自己白手起家的艰难时期，心里就一阵苦涩。妻子的工作很稳定，更不能因为搬了厂便委屈她辞掉工作一家人到越南去，他们都很珍惜现在所拥有的一切。他们算了一晚上的数，虽然当地的各项成本都低了不少，但是工厂的订单大多是国内的，运送大型货物的成本也是十分棘手。所以这让方厂长郁闷透顶。

如果你是方厂长，你会选择将自己的工厂建在哪里呢？

45 “躺赢”的商品谷物农业

“稻米流脂粟米白，公私仓廪俱丰实”，这座“天下粮仓”坐落在我国的东北。繁荣的交通枢纽、储粮圣地和现代化的商业城市让东北之美誉实至名归。走进辽阔而丰饶的东北平原，金灿灿映入眼帘。谷物因黑土的滋养而茁壮，灌溉水源充足毫不吝啬地撒向这片土地。东北人口数量较少，耕地面积较大，所以人均耕地面积大，谷物可以随心所欲地生长，不用害怕被“抢”了地盘。

广袤的东北平原被温带季风气候滋润着，形成雨热同期的有利条件。在近些年的发展里，走农业可持续发展，是东北振兴的重要内容，有“大粮仓”之称的东北商品谷物是如何实现经济价值的“躺赢”呢？

东北平原因其地势平坦开阔、土壤肥沃、气候温和、水源充足等优厚的自然资源赢得了小麦和玉米的青睐，愿意在这里“扎根”。地广人稀让谷物生产规模大、机械化程度高、商品率高易如反掌。以国有农场为主的生产模式，让农人成为爱国最坚实的守望者，日夜辛劳、年复一年，守候在谷物庄稼旁，让机器尝遍了丰收的喜悦。

商品谷物农业主要分布在美国、阿根廷、澳大利亚、俄罗斯、乌克兰等国，我国东北的商品谷物农业和美国的有异曲同工之妙。美国的商品谷物农业主要分布在中央大平原地区及密西西比河流域，和我国的商品谷物一样有充足的水源灌溉。美国的商品谷物主要也是小麦和玉米两种作物，生产方式采用家庭农场化经营，因其土地规模巨大，大中型家庭农场的规模超过 5 000 亩，有的甚至达到 1 万亩以上。美国从事农业生产的家庭仅占美国家庭总数的 2.7%。一个农场就只有几个农业工人进行打理，高度依赖农业机械设备，机械化程度高，甚至动用飞机进行农药喷洒作业。每 1 个农业工人就可以养活近 100 个人，每年生产的农产品除了本国消费以外，还可以大量出口，“金钱”纷至沓来，颇具富豪的口气。

商品谷物农业区别于南方水稻的精耕细作，借助机器的力量，“用很少人办很多事”，经济“躺赢”的秘密由此可见。

46 纸中天骄——藏纸

“质坚宛茧练，色白施浏亮。题句意固适，作画兴当畅。裁之可糊窗，缀之堪为帐。何异高丽楮，洋笺亦复让。”这是记载于清代黄沛翘《西藏图考》里的一首诗歌，其名为《藏纸诗》，这首诗歌的作者是清代一位曾经到过西藏的湖南巡抚——查礼，诗中所咏之物就是藏纸，查礼美言其质地坚韧就如同蚕茧织成的白绢，色泽洁白，用作题句定能让文章适意，用以作画定能兴致酣畅，还赞美道：在藏纸面前，高丽纸还略逊一筹，外国进口的纸张也要退让三分。

藏纸之所以能被如此称道，离不开它复杂的生产工艺。据传，藏族的造纸术是随着文成公主进藏传入的，文成公主带着的那些造纸技艺高超的工匠将造纸的技法传授给当地的藏民。《中国西藏文化大图集》对西藏造纸有简短叙述，也指出造纸技术是文成公主从内地带入西藏的。但是，当时到达西藏的造纸工匠很快就把从中原带来的造纸原料用完了，只能当地取材。在当地藏民的介绍下，他们找到了独特的替代造纸原料——狼毒草。狼毒草的藏语叫“日加”。它在藏区可谓是随处可见、随处可采，它的根茎深深地扎入地底，每一条花梗的顶端都簇拥着一团紫白相间的花朵。正如它的名字那样，它是一种名副其实的毒草，毒性很强，牧区的牲畜如果误食了很容易中毒死亡，所以藏区的生物都离它远远的，所以生长时很少会受虫害的侵扰，可能正是由于这种毒性，用狼毒草造出来的纸张很少有虫蛀的问题，极易保存。也正是由于藏纸的保存性好，才使藏族的古老文明得以传承，我们才能够有幸一窥千年前的文化瑰宝。

在狼毒纸的传统制作工艺中要经历十一道工序，包括采集原料、浸泡洗涤、捶捣、去皮、撕料、煮料、捶打、打浆、浇造、日光晾干、揭纸，只要其中任何一道工序出了差错，这一张藏纸就要废掉。藏纸的制作过程犹如对一块石料的精雕细琢，只有每一步都准确无误才能够让其“精美绝伦”，更像一首乐曲的创作，只有每一个音符适得其所，方能成就一曲天籁。也正是因为这复杂严谨的工序，让藏纸无法大量生产，只能被归入国家级非物质文化遗产之列。雪拉村是千年以前狼毒纸的发源地，搁在以前，家家户户都有这么一门造纸的手艺，但是现如今越来越多的年轻一辈选择放弃这门手艺，因为现代纸业的纸张生产速度太快，而藏纸无法做到快速生产，几乎已经没有了市场。

藏纸的千年传承，才让藏文有了储存的载体，让卷帙浩繁的经文得以经得住时间的洗礼，让藏族的文化艺术以可见的形式呈现在国人的面前。藏纸不单单是藏族手工艺中的文化遗产，它还是存留藏族完整历史的器皿。

47 一道地理试题引发的“膜”思考

最近在练习中，遇到了一道有趣而又匪夷所思的地理选择题，如下题：苹果为落叶乔木，生长季为4—10月。苹果园的传统生产方式为定期松土、清除杂草（简称“清耕”），近年来土壤覆盖技术得以广泛应用。不同覆盖方式下，土壤的水分、温度和有机质差异显著。下图示意黄土高原南部某苹果园3—9月不同生产方式下土壤水分的月份变化。据此完成第1题。

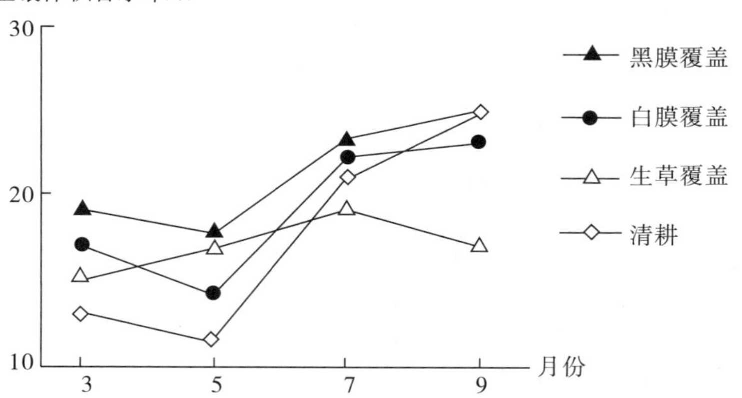

注：地膜覆盖选用厚度为0.08 mm的黑色、白色（透明）塑料膜；
生草覆盖指的是人工种植特定的草类来覆盖土壤。

1. 夏季晴天时，该果园白膜覆盖区较黑膜覆盖区（　　）

A. 白天气温高　　B. 气温日较差大　　C. 白天土温高　　D. 土温日较差小

解析：题干中“不同覆盖方式下，土壤的水分、温度和有机质差异显著”这句话中的三个关键因素：覆盖方式、土壤水分和有机质。而图中显示的是土壤水分和覆盖方式的关系，题目问的是白膜覆盖区与黑膜覆盖的比较，所以应该从不同方式下土壤含水率的不同，从而影响土温或者气温这个角度去思考。图中显示，白膜覆盖下的土壤体积含水率较黑膜覆盖的土壤含水率低，白膜覆盖的土壤比热容比黑膜覆盖的土壤要小，更容易增温。而太阳辐射对白膜（透明膜）的穿透力强，土壤吸收的热量较多，结合白膜覆盖下的土壤的比热容较小，所以白膜覆盖下的土温要高。所以该题答案选C。由于地膜直接覆盖在地面，所以气温是指膜以外的气温，白天：太阳辐射对白膜的穿透力强，白膜下土壤吸收的太阳辐射多，但是地面辐射属于长波辐射对白膜的穿透力弱，所以白膜覆盖上空大气吸收的地面辐射弱，白天大气温度低，A 错。黑膜对太阳辐射的吸收强，同时黑膜直接向大气中辐射长波辐射，能够被大气吸收，所以黑膜上空的气温较高。而到夜晚的时候，地面辐射对白膜（透明膜）穿透能力比对黑膜穿透能力强，所以夜晚白膜（透明膜）的上空大气吸收的地面辐射较黑膜上空大气吸收的地面辐射丰富，夜晚白膜上空的大气温度比黑膜上空的大气温度要高。所以白膜气温日较差小，B 错；由于白膜覆盖下的土壤含水率低，比热容较小，所以白膜覆盖下的土温的日较差大，D 错。

膜可以分为三种：黑色膜、白色透明膜、白色反光膜（不透明）。黑色膜对太阳辐射的吸收能力强，但是不透光，所以黑色膜可以隔热，但是膜吸收的热量会比较多。就像我们穿着黑色衣服，感觉很热，是衣服吸收太阳辐射升温，而不是太阳光直接照射我们的身体。白色透明膜，太阳辐射可以穿透白色透明膜，而膜内地面吸收后，膜内地面升温，但是膜内地面升温后辐射的长波辐射对白膜穿透能力较弱，当然比对黑膜的穿透能力要强。大部分长波辐射被膜内的气体吸收增温，同时，膜内大气进行大气逆辐射，将热量还给膜内的地面，达到保温作用的效果。白色反光膜，太阳辐射几乎不能穿透白色反光膜，而且白色反光膜吸收太阳辐射少，大部分太阳辐射被白色反光膜反射回去了，被反射回大气的太阳辐射仍是短波辐射，大气吸收得少，但是可能被其他物体吸收。像南极洲冰川覆盖，对太阳辐射反射率高，地面吸收的太阳辐射少，地温低，地面辐射弱，大气气温低。

案例 1　如图我国北方干燥寒冷地区，春节播种的时候地面经常覆盖透明膜，可以吸收太阳辐射，减弱地面辐射，起到保温作用，也可以减少蒸发量，保持土壤水分。

案例 2　在架高的支架上覆盖白色透明膜，目的是利用“温室效应”原理，提高大棚内的气温，我国北方地区冬季采用大棚技术种植蔬菜、花卉等作物。分别说明大棚技术对农业生产光、热、水条件的有利影响：使冬季的太阳光照得以充分利用，提高了大棚内的温度，使作物在冬季也可种植（可以减轻冻害，提高农业生产抗灾能力）。

案例 3　铺反光白色光膜能反射太阳辐射，增加光效。能使原来着色度40%～50%的水果着色度提高到80%～100%，同时还可增加果实亮度。反光膜能显著提高树冠内不同高度的光强，且越靠近地面反射光强越强；铺设反光膜的苹果果皮着色面积显著增加，且色泽鲜艳，可溶性固形物含量提高，果粉增厚，病虫害明显降低。

案例 4　南方夏季，农民常会给温室大棚覆盖黑色尼龙网，夏季南方地区纬度低，太阳高度角大，太阳辐射强，大棚覆盖黑色尼龙网以调节对太阳辐射能的利用，削弱太阳辐射，减少作物水分蒸发。思考：为什么不覆盖黑色膜？

48 GPS 让“我”无处遁形

我在珠江三角洲内有几位挚友，不定期都会找个地方聚聚，吃饭、聊天、打打牌是最常有的活动，顺带可以找找儿时的回忆。朋友遍布珠江三角洲各地——东莞、顺德、广州、深圳、珠海等地。例如约了今晚六点到饭店一起吃饭，但总有某些人迟迟不见人影。于是有人就在群里问：“你到哪里了?”“我快到了，马上就到。”大家都怕朋友等得心烦，明明离饭店还有一小时路程，也只能说马上到。这种情况似乎很常见，这种回应虚假地点的做法朋友之间虽然不戳穿，但也心知肚明。

后来大家都知道对方习惯了，再问“到哪里了?”“马上到”然后已经到饭店的朋友都会对缺席者说“发个位置过来看看”。缺席者智商也不低，“你有张良计，我有过墙梯”。在微信里找到“位置”，进去之后点击发送位置，用手指在屏幕上滑动地图，将“靶”图放到你想说的位置就可以“浑水摸鱼”了。例如我现在还在翠亨，怕朋友等着心急，我就说我到了番禺了。我只要将“靶”图移动到番禺附近的高速路上，朋友看到位置后，以为我真的到了番禺，结果可想而知，在满怀欣喜的期待中又多等了一个小时。

这样左等右等也不是办法。后来聚会的时候，有的人先到了，问：“到哪里了？大家发共享实时位置。”这个时候一共享位置，具体位置在哪儿就被彻底暴露。大家在群里都可以看得到每个人的精确位置，而且可以看到每个人的位置是否在移动。再也不用担心朋友说“我马上到”的善意谎言了。这就是全球定位技术的魅力。在微信里“发定位”和“实时位置共享”几乎成了现代人生活的一部分。

我的小侄子很调皮，经常出去玩，到了吃饭的时间都找不到人。他父母着急了，想尽办法终于找到了解决的途径。他父母找机会给他一块手表戴，他可高兴了。可神奇的是，不管他走到哪里，他父母总是能准确找到他的位置。他也很纳闷。有一天，他的手表忘记在家里没戴，就和同学外出玩了，晚上很晚回到家。一进门，父母狠狠地批评他，怎么这么晚才回来，到处都找不到你。他很纳闷，以前不是每次都能准确找到的吗？第二天，他和同学说起这件事，终于明白了原因：他父母之前是通过那块手表找到他的。因为他的手表装上了 GPS，只要他身上带着手表，无论走到哪里，他父母都能知道他的准确位置。

GPS 可以精确定位，只要你身上带着信号接收机，无论你走到哪里，都可以找到你。以前的渔民出海打鱼的时候凭着经验判断鱼群的位置，但是也会经常判断失误。现代渔民利用现代信息技术手段捕捞，效率大大提升。他们先去抓一条或者买一条活鱼，在这条鱼身上安装一个全球定位系统信号接收机，而这个接收机是和渔民的手机捆绑在一起的。鱼有群游的习惯，只要把这条鱼放回大海里，它立刻就去找它的小伙伴了，那渔民此时就可以根据鱼的位置进行捕捞。尽管捕鱼的效率提高了，但是长期下去，很有可能造成部分鱼类灭绝，生物多样性会减少，海洋生态会失衡，到那个时候人类可就欲哭无泪了。

49 小王的困惑——产业升级带来的苦恼

小王揣出裤袋里的烟盒，打开盖子，拿出一根香烟，两根手指摩挲地夹着，在打火机的帮助下，烟头被点燃了，冒着金黄的小星星。小王用力地抽了一口，脸颊因用力过猛的挤压而凹陷，侧脸成了有弧度的曲线。半晌，烟随着小王的忧郁被徐徐吐出。小王疲惫的眼神看着升腾的白气，思绪似乎被时间冻住了。

小王是一名“忠实”的“打工仔”，他一直相信“打工皇帝”的说法。他从家乡来到这热闹非凡的大城市，就想在这里扎根。他在工厂摸爬滚打了好几年，起初工资2 000元，他省吃俭用，可以给家里寄 1 000 元，剩余的钱在满足自己的开销之余，还能存点“小金库”。但是这几年来工厂打工的同乡越来越多，竞争越来越激烈，工资却一直跟不上物价的飞涨。3 000 元的工资已经不足以支撑一家老小日常的开销，别提留给自己的那一份了。工厂大厦的天台，是他这几年来喜怒哀乐的倾听者。这天，他又跑上来了，他满腹苦水准备倒给天台这个温柔的倾听者，但烟一点燃，话到嘴边就说不出来了。他想找一份工资更高的工作，但自己的能力似乎不相匹配。

随着全球新科技革命迅猛发展，中国传统工厂面临着新一轮挑战。中国工厂里原有的传统产业是劳动密集型产业。而如今随着中国经济的腾飞，中国不再依托“人口红利资本”，不再需要“承接”西方国家给的制造业“施舍”。华为等技术新兴产业的科技崛起，宣告着中国大部分企业完成了传统产业内部的技术结构升级和组织结构升级，势必在质量、规模、效率和核心技术方面与跨国公司、发达国家进一步缩小差距。

巴基斯坦、越南等国劳动密集型产业的迅速发展，他们有可能取代中国“制造业”大国的名衔。中国随着经济技术的发展，现在有很多劳动密集型的产业在往外转移，夕阳产业在中国已经“更新换代”。劳动力价格战已经打响，很多像小王一样缺乏技术的“打工者”已经没有了“打工皇帝”的福利和享受。智能化时代的到来，从市场的角度来看，带动了新经济的发展。人均小康的幸福年代，房子、车子已经不是梦，“万元户”已经成为历史。高速公路有了、旅游有了，高铁遍地开花，新的需求造就新的知识经济高速增长。技术人才才是当今产业升级的发动机，那靠“出卖”劳动力的一般工人又将何去何从？

像小王一样沉醉于“打工皇帝梦”的人迟早要被产业转型中现实的残酷所击退。一阵产业改革之风吹过，升腾在半空中的白烟被无情地吹散。小王对生活的畅想千头万绪，他收起了烟盒，走下了工厂的天台，回到车间，看着智能机械化操作的流水线，看着所剩无几的工人，看着银行账号的数字，对未来的怅惘又再一次萦绕心头。

50 沧海变桑田：珠江三角洲基塘农业的前世今生

一片绿油油的湿地里，不自觉地长着植物“疙瘩”，一圈又一圈围成的“小湖”伴着跳跃的阳光闪着层层的鳞浪。湖水静时，活像一面镜子，反照出农人辛勤耕耘的背影。湖水边缘被俏皮的植物一针一针仔细缝上，勾勒出鲜明的界限。

这是珠江三角洲平原的富饶，也是由冲积而成的湿润之地。地处北回归线以南，全年气候温和，雨量充沛，日照时间长，土壤肥沃，这一圈又一圈的“小湖”是盛产蚕桑、塘鱼、甘蔗的重要基地。我生活的广东地区，河网密布，水热自然条件优越。桑基鱼塘在这片土地上汲取了最大的资源，孕育出独特的产业风光。由于珠江三角洲地势低洼，常闹洪涝灾害，严重威胁着人民的生活和生产活动。当地人民根据地区特点，因地制宜地在一些低洼的地方，把低洼的土地挖深为塘，饲养淡水鱼，将泥土堆砌在鱼塘四周成塘基，可减轻水患，垫高基田、塘基植桑，塘内养鱼，三者统一形成高效人工生态系统，这也成了珠江三角洲地区独具地方特色的农业生产形式，这种塘基的修筑可谓一举多得。

过去的“基塘农业”最早见于晋代葛洪编撰的《神仙传·麻姑》一书，里面记载

了两位神仙王远和麻姑的对话，“麻姑自说云：‘接侍以来，已见东海三为桑田。向到蓬莱水浅，浅于往者会时略半也。岂将复还为陵陆乎？’”在佛山市南海区、顺德区境内有古堤围“桑园围”洪水故事，古桑园围横跨今佛山市南海区、顺德区，捍卫桑田2 000公顷。历史上这里是西江、北江的泄洪区，水患严重，围内即便有“桑田”优势，却并没有繁衍出“基塘农业”的运营模式，只能遗憾地无数次变成“沧海”。

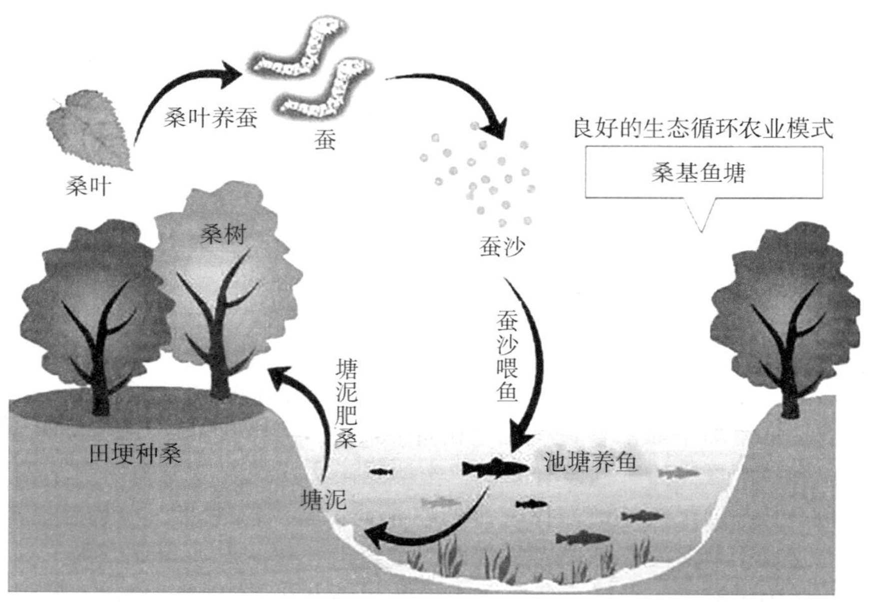

而如今的蚕沙喂鱼、塘泥肥桑则是利用“桑田”开发的最佳证明，是基塘农业的常见形式。栽桑、养蚕、养鱼三者结合，形成桑、蚕、鱼、泥互相依存、互相促进的良性循环。不仅可以避免水涝，还可以营造良好生态环境和实现理想经济效益，减少环境污染。珠江三角洲有句渔谚“桑茂、蚕壮、鱼肥大，塘肥、基好、蚕茧多”各个环节相互勾连，就像道家中“道生一，一生二，二生三，三生万物”一般协调统一，人们充分利用土地的空间与轮作的时间，改变了传统的“纯农耕”耕作方式，能实现较大的经济效益与生态效益。

薄薄的青雾浮在湖面，好像一层朦胧的轻纱包裹着宁静祥和的珠江三角洲。天上低垂的云融进了湖水，晶莹的玉盘里装着无数的碧玉，镶嵌在祖国南方的大地上，荡漾着鱼之碧波、蚕之倩影、桑之沃若。

后　　记

2000年我大学刚毕业，任教初中地理学科。由于当时地理学科不属于中考科目，学生上课时有种“得过且过”的随意感，课堂纪律很糟糕。当时我不断坚持打造“三笑”课堂——即为了吸引学生的注意力，保证每节课让学生大笑三次。我千方百计把地理知识“有趣化”，最常见的办法就是“吹牛”，给学生讲生活中的地理故事，课堂上的互动让学生对我的地理课颇感兴趣，课堂纪律也逐渐好起来了。后来我在高中地理教学中，不断反思自己的教学方法和教学策略，探索如何既能保障课堂良好的纪律，又能圆满完成教学任务的教学方法。在一次又一次的课堂实践中，我逐渐想到把地理知识融入生活现象中去思考，写了很多反思，积累了很多案例，每次备课之前都要思考本节课的地理知识与哪些生活现象有关，上课之后再写反思，这样坚持了多年，学生逐渐喜欢上了生动有趣的地理课堂。后来我发现，千方百计引导学生结合生活经历去学习地理知识，让学生学会在生活中感知地理，这样会大大提升他们的学习动力，教学效果也会事半功倍。

生活中很多事情，我都习惯用地理的思维去思考，在生活中，从地理原理的角度理解生活现象是一件有趣的事情。在工作、旅游、生活中，我习惯性地把自己的所见所闻都写下来，经过二十多年的积累，终于汇集成《讲有故事的地理》，以期能为地理教学服务。

本书的出版得到了广东高等教育出版社的大力支持，得到了东北师范大学袁孝亭教授的指点提携，得到了广东省地理教研员施美彬老师及语文特级教师张月东老师的指导，在此一并表示感谢。

2022年3月28日